本书编写组

主　　编　葛慧君

副主编　来颖杰

成　　员　楼胆群　吕延勤　郑　毅　徐　彬
邱　巍　郑林红　富　华　彭冰冰
董敬畏　冯仁方　仲　帅　成为杰
于雯美　陆　青　周　影

红船精神问答

本书编写组　编著

浙江人民出版社

目录
CONTENTS

弘扬“红船精神” 走在时代前列

习近平

1921 年 8 月初，中国共产党第一次全国代表大会在浙江嘉兴南湖的一条游船上胜利闭幕，庄严宣告中国共产党的诞生。这条游船因而获得了一个永载中国革命史册的名字——红船。

红船，见证了中国历史上开天辟地的大事变，成为中国革命源头的象征。红船，一直接受着人们特别是共产党人的瞻仰。上世纪 60 年代，中共“一大”代表董必武同志两次重访南湖，即兴赋诗。改革开放以来，邓小平、江泽民、胡锦涛等党和国家领导人，亲切关怀党的诞生地，或瞻仰红船，或亲笔题词，勉励我们“沿着南湖红船开辟的革命航道奋勇前进”。2002 年 10 月，我调任浙江后，即怀着无限崇敬的心情，专程到嘉兴南湖瞻仰红船，接受革命精神教育。今年春节后的第一个工作日，浙江省委理论学习中心组成员来到南湖瞻仰红船，举行保持共产党员先进性教育活动专题学习会。在先进性教育活动期间，成千上万的共产党员从祖国各地来到南湖，看一次展览，听一次党课，学一次党章，观一次专题片，瞻仰一次红船，重温一次入党誓词。嘉兴市广泛开展以“精神传承、思想升华”为主要内容的“红船精神”大讨论活动，有力地促进了先进性教育活动。

红船劈波行，精神聚人心。红船所代表和昭示的是时代高度，是发展方向，是奋进明灯，是铸就在中华儿女心中的永不褪色的精神丰碑。“红船精神”同井冈山精神、长征精神、延安精神、西柏坡精神等一道，伴随中国革命的光辉历程，共同构成我们党在前进道路上战胜各种困难和风险、不断夺取新胜利的强大精神力量和宝贵精神财富。80 多年来，“红船精神”一直激励和鼓舞着我们党坚持站在历史的高度，走在时代的前列，勇当舵手，引领航向，不断取得革命、建设和改革的一个又一个胜利。

“红船精神”——党的先进性之源

一个大党诞生于一条小船。从此，中国共产党引领革命的航船，劈波斩浪，开天辟地，使中国革命的面貌焕然一新。伟大的革命实践产生伟大的革命精神。“红船精神”正是中国革命精神之源:中国共产党历史上形成的优良传统和革命精神,无不与之有着直接的渊源关系。中国共产党作为中国工人阶级和中华民族的先锋队,从这条红船扬帆起航,就始终代表着中国先进生产力的发展要求,代表着中国先进文化的前进方向,代表着最广大人民的根本利益,在推动中国历史前进中发挥着无可替代的领导核心作用。正如党的十六大报告所明确指出的,党的先进性“归根到底要看党在推动历史前进中的作用”。红船正是走在时代前列的象征,“红船精神”就充分体现了走在时代前列的精神,这也就集中体现了党的先进性,是党的先进性之源。

中国共产党沿着红船的航向,以开天辟地、敢为人先的首创精神,始终站在历史和时代发展的潮头。上世纪20年代的旧中国,是一个半封建半殖民地的社会。“十月革命”一声炮响给我们送来马克思列宁主义,五四运动中工人阶级登上政治舞台,这都为中国共产党的诞生作了思想和组织上的准备。中国共产党正是顺应求民族独立、谋人民解放的历史使命,勇立社会历史发展的潮头,在南湖红船上宣告成立,从此使中国革命的历史翻开了崭新的一页。对此,毛泽东同志称之为“开天辟地的大事变”。董必武同志在故地重游中欣然命笔:“烟雨楼台革命萌生,此间曾著星星火;风云世界逢春蛰起,到处皆闻殷殷雷。”南湖红船点燃的星星之火,形成了中国革命的燎原之势,使四海翻腾,五岳震荡。我们党从这里走向井冈山,走向延安,走向西柏坡,由一个领导人民为夺取政权而奋斗的党,成为领导人民掌握政权并长期执政的党。

中国共产党扬起红船的风帆,以坚定理想、百折不挠的奋斗精神,矢志推动中国革命和建设事业不断前进。中国共产党是以马克思主义理论武装起来的先进政党。中国共产党的诞生,使中国革命从此有了坚定的理想信念和强大的精神支柱。在惊涛骇浪不断的革命大潮中,红船在升腾,共产党人的信念也在升腾。当初,党的“一大”会议在白色恐怖中召开,由上海转至嘉兴,在南湖红船上完成缔造中国共产党的使命,靠的是坚定的理想信念和百折不挠的革命精神。之后,我们党在长期艰苦卓绝的奋斗中,历经曲折而不畏艰险,屡受考验而不变初衷,由小到大,由弱变强,靠的还是坚定的理想信念和百折不挠的革命精神。中国共产党人不管风吹浪打,不怕急流险滩,始终坚定自己的理想和信念,以压倒一切敌人、战胜一切困难的大无畏英雄气概,矢志推动中国革命和建设事业的大船劈波斩浪、不断奋进。

中国共产党载着红船的意愿，以立党为公、忠诚为民的奉献精神，努力维护好、实现好、发展好最广大人民的根本利益。“革命声传画舫中，诞生共党庆工农”。中国共产党从诞生那天起，从来就没有自己的私利，而是以全心全意为人民谋福利为根本宗旨。密切联系群众是我们党区别于其他任何一个政党的显著标志。依水行舟，忠诚为民，成为贯穿中国革命和建设全过程的一条红线，也是“红船精神”的本质所在。肩负为人民谋利益的神圣职责和崇高使命，中国共产党人以自己的身体力行，宣传、发动和引领全国各族人民团结一心，和衷共济，英勇奋战，在推进中国革命和建设的进程中，不断维护好、实现好、发展好最广大人民的根本利益。

开天辟地、敢为人先的首创精神，坚定理想、百折不挠的奋斗精神，立党为公、忠诚为民的奉献精神，是中国革命精神之源，也是“红船精神”的深刻内涵。我们要高举“三个代表”重要思想伟大旗帜，始终保持党的先进性，就必须永远铭记我们党的“母亲船”，重温红船的历史沧桑，在继承和弘扬“红船精神”中永葆党的先进性，进一步激发为中国特色社会主义事业而奋斗的信念和力量。

“红船精神”对党的先进性建设具有重要意义

新世纪新阶段，我国已踏上全面建设小康社会、加快推进社会主义现代化的伟大征程。保持党的先进性，既面临着新的要求，也面临着新的考验。在新的形势下，继承和弘扬“红船精神”，对于加强党的先进性建设，进一步巩固党的执政地位，完成党的执政使命，具有十分重要的理论意义和实践意义。

“红船精神”是激励我们把握发展这一时代主题和党执政兴国的第一要务，大胆探索、创新创业的强大思想武器。发展是当今时代的一大主题，也是党执政兴国的第一要务。加强党的先进性建设，首要任务就是提高领导发展的能力。当今世界处于深刻变化之中，综合国力的竞争日趋激烈，我国全面建设小康社会的进程中也出现了许多前所未有的新情况、新问题。“红船精神”昭示我们，在社会发展的进程中，我们不能因循守旧，刻舟求剑，必须勇立潮头，敢为人先，以创新的精神永葆党的生机和活力。面对新挑战、新机遇和新形势、新任务，我们要坚持和发扬“红船精神”，有敢于突破前人的勇气和智慧，自觉克服安于现状、不思进取的思想观念，坚持用创新的理论成果武装头脑，用创新的思想观念谋划工作，紧紧扭住发展不放松，与时俱进，开拓创新，不断推进建设中国特色社会主义的伟大事业。

“红船精神”是鼓舞我们坚定共产主义理想和中国特色社会主义信念，不畏艰险、艰苦奋斗的强大精神支柱。中国革命的航船是在惊涛骇浪中到达成功的彼岸的，中国改革和建设事业的航程同样不会一帆风顺。建设中国特色社会主义是一项前无古人的创造性事业，全面建设小康社会是一项空前艰巨的宏图伟业，在推进其发展的漫漫征程中充满了重重困难和各种风险。“红船精神”昭示我们，逆水行舟，不进则退。面对我们的基本国情和我们党的历史使命，没有坚定的理想和必胜的信念，没有不畏艰辛、励精图治的精神状态和艰苦奋斗、顽强拼搏的作风，就难以克服前进道路上的重重困难，难以战胜前进道路上的风险和挑战。我们必须坚持和发扬“红船精神”，坚定理想信念，增强忧患意识，居安思危，处盛虑衰，以共产党人的胸襟和眼界观察世界、判断形势，恪尽职守、脚踏实地，不怕艰难、坚韧不拔，矢志拼搏、艰苦创业，努力谱写全面建设小康社会、加快推进社会主义现代化的新篇章。

“红船精神”是鞭策我们牢记立党为公、执政为民本质要求和全心全意为人民服务的根本宗旨，求真务实、一心为民的强大道德力量。作为马克思主义政党，我们党自诞生之日起就以解放全人类、实现共产主义为己任，以全心全意为人民服务为根本宗旨。坚持立党为公、执政为民，始终保持党同人民群众的血肉联系，是马克思主义政党与生俱来的政治品质和最高从政道德，是衡量党的先进性的根本标尺。“红船精神”昭示我们，党和人民的关系就好比舟和水的关系，“水可载舟，亦可覆舟”。革命战争年代，正是在“红船精神”引领下，我们党从民族大义和人民群众的根本利益出发，充分发动并紧紧依靠人民群众夺取了政权，从此成为在全国掌握政权并长期执政的执政党。改革开放以来，我们党经受着执政和改革开放的双重考验。党的先进性能否始终保持，党的执政地位能否不断巩固，根本取决于人民群众对党的信赖和拥护，而这又取决于我们党能否践行立党为公、执政为民的本质要求，取决于我们党能否团结带领人民群众求真务实、真抓实干。我们必须牢记“权为民所用、情为民所系、利为民所谋”的谆谆教诲，继续发扬“红船精神”，始终不渝地为最广大人民谋利益，坚持人民利益高于一切的政德，真正干出有利于党和人民事业的政绩。

在新的实践中继承和弘扬“红船精神”

“红船精神”是我们党创立时期坚持和实践自身先进性的一个历史明证。正如党的先进性不是与生俱来、一劳永逸的,“红船精神”也是具体的、历史的。我们要把“红船精神”贯穿于树立和落实科学发展观、构建社会主义和谐社会和加强党的先进性建设的实践上来。把握住这一点,就从根本上把握了“红船精神”的实质与核心,同时也就把握了党的先进性的真谛。

红船起航于浙江,既有历史的偶然性,也有历史的必然性。这是浙江的光荣,也是推进浙江发展的精神力量所在。联系浙江实际,我们要在新的实践中继承和弘扬“红船精神”,就必须结合当前正在开展的保持共产党员先进性教育活动,高扬理想的风帆,荡起奋发的双桨,乘着改革开放的浪潮,认真贯彻胡锦涛总书记对浙江工作提出的“努力在全面建设小康社会、加快推进社会主义现代化的进程中走在前列”的要求,做到学在深处,谋在新处,干在实处,再铸浙江改革开放和现代化建设新的辉煌。

第一,要深入实施“八八战略”,努力在树立和落实科学发展观方面走在前列。科学发展观是指导浙江实现更快更好发展的根本指南，深入实施“发挥八个方面优势、推进八个方面举措”的“八八战略”，是浙江落实科学发展观的具体实践。我们要不断深化对科学发展观的认识，不断提高用科学发展观来指导实践的自觉性和坚定性，不断推进“八八战略”的深化细化具体化，在经济社会发展中更加注重统筹兼顾、加强薄弱环节，更加注重经济增长的质量和效益，更加注重以人为本，实现和维护广大人民群众的切身利益。要坚持在贯彻中央宏观调控政策中把握经济发展全局，正确处理发挥市场机制作用与加强政府宏观调控的关系，确保经济平稳较快发展。要以主动的姿态推进经济结构调整和增长方式转变，切实把提高自主创新能力作为结构调整的中心环节，把建设节约型社会放在重要位置，把统筹城乡发展作为解决“三农”问题的着力点，把加快建设先进制造业基地和发展现代服务业作为结构调整的突破口，把深化改革、扩大开放作为根本动力，努力在更高层次上推动浙江的发展。

第二，要全面建设“平安浙江”，努力在构建社会主义和谐社会方面走在前列。构建社会主义和谐社会，是我们党根据当今时代社会实践发展的新要求和人民群众生产生活的新需要，而提出的建设中国特色社会主义的新战略、新举措。浙江在构建社会主义和谐社会方面具有较好的条件。特别是建设“平安浙江”的具体实践，为我省构建和谐社会打下了工作基础，积累了有益经验。我们要以建设“平安浙江”为载体，积极构建具有中国特色、时代特征、浙江特点的和谐社会。要建设“法治浙江”，发展社会主义民主政治，为构建和谐社会提供法制保障。要加快文化大省建设，增强构成浙江综合竞争力的软实力，为构建和谐社会提供智力支持和精神支撑。要坚持“效率优先、兼顾公平”，激发社会发展的活力和创造力，促进社会公平和正义，进一步做好关心群众生产生活特别是帮扶困难群众的各项工作，不断健全社会保障和社会救助体系，为构建和谐社会营造良好的氛围。要加强社会建设和管理，努力形成党委领导、政府负责、社会协同、公众参与的社会管理格局，高度重视并切实做好维护社会稳定的各项工作，为构建和谐社会提供良好的社会秩序。

第三，要切实增强执政本领，努力在加强党的先进性建设方面走在前列。党的先进性建设是关乎党生存、发展、壮大的根本性建设。要扎实抓好保持共产党员先进性教育活动，把“走在前列”的要求贯穿于先进性教育活动的全过程，做到谋划工作有“走在前列”的意识，学习动员有“走在前列”的内容，分析评议有“走在前列”的标准，整改提高有“走在前列”的要求，努力解决存在的突出问题，真正使我省先进性教育活动成为推进各级党组织自身建设的基础工程、提高党员思想政治水平和工作能力的素质工程、人民群众真正得到实惠的满意工程。要以改革的精神推进党的建设各项工作，围绕深化理论武装这一首要任务，深入研究如何全面贯彻“真学、真懂、真信、真用”的要求，坚定建设中国特色社会主义的理想信念问题；围绕建设高素质干部队伍这一总体要求，深入研究在选人用人、党管人才、政绩考核、能上能“下”、管理监督、基层基础等方面的一些难题，努力求突破、创特色、出成果；围绕保持党同人民群众的血肉联系这一核心，深入研究如何全面贯彻求真务实的要求，进一步转变作风，推进党风廉政建设和反腐败工作。同时，要把制度建设贯穿于党的思想、组织、作风建设之中。

总之，我们要在新的实践中继承和弘扬“红船精神”，在“红船精神”的激励和鼓舞下，不断强化前列意识，切实把“走在前列”的要求体现到精神状态上，贯彻到衡量标准上，落实到各项工作上，再接再厉，乘势而上，努力为全国大局作出积极的贡献。

（《光明日报》2005 年 6 月 21 日）

铭记党的奋斗历程时刻不忘初心 担当党的崇高使命矢志永远奋斗

新华社上海/浙江嘉兴10月31日电 党的十九大闭幕仅一周，中共中央总书记、国家主席、中央军委主席习近平带领中共中央政治局常委李克强、栗战书、汪洋、王沪宁、赵乐际、韩正，于31日专程从北京前往上海和浙江嘉兴，瞻仰上海中共一大会址和浙江嘉兴南湖红船，回顾建党历史，重温入党誓词，宣示新一届党中央领导集体的坚定政治信念。习近平发表重要讲话强调，只有不忘初心、牢记使命、永远奋斗，才能让中国共产党永远年轻。只要全党全国各族人民团结一心、苦干实干，中华民族伟大复兴的巨轮就一定能够乘风破浪、胜利驶向光辉的彼岸。

31日上午，习近平等一下飞机，就来到位于上海市兴业路76号的中共一大会址。这座饱经沧桑的石库门建筑，1952年9月修复并对外开放，在繁华的现代化都市中庄严肃穆。96 年前,1921 年 7 月,中国共产党第一次全国代表大会在这里举行,会议的主要议程是成立中国共产党。

习近平等在兴业路下车后,步行来到中共一大会址纪念馆。习近平在上海工作期间曾 3 次到这里。在这里,习近平首先瞻仰了中共一大会议室原址。这个 18 平方米的房间按照当年会议场景复原布置。习近平久久凝视,叮嘱一定要把会址保护好、利用好。习近平动情地说,毛泽东同志称这里是中国共产党的"产床",这个比喻很形象,我看这里也是我们中国共产党人的精神家园。

随后,习近平等瞻仰了中共一大代表群像浮雕,参观了《伟大开端——中国共产党创建历史陈列》。"前赴后继、救亡图存""风云际会、相约建党""群英汇聚、开天辟地"等专题展区,陈列着大量实物和图片,有的还有雕塑和沙盘,习近平一边听取介绍,一边询问细节。他对着浮雕一一列数中共一大 13 名代表的姓名,感叹英雄辈出,也感叹大浪淘沙。习近平指出,建党时的每件文物都十分珍贵、每个情景都耐人寻味,我们要经常回忆、深入思索,从中解读我们党的初心。

题为《追梦》的视频短片,浓缩了我们党波澜壮阔的奋斗历程,习近平等驻足观看。习近平表示,我们党的全部历史都是从中共一大开启的,我们走得再远都不能忘记来时的路。

纪念馆宣誓厅，悬挂着巨幅中国共产党党旗。面对党旗，习近平带领其他中共中央政治局常委一起重温入党誓词。在习近平领誓下，铿锵有力的宣誓声响彻大厅，让现场所有人都深受感染，仿佛回到了那个风雨如磐的年代。习近平强调，入党誓词字数不多，记住并不难，难的是终身坚守。每个党员要牢记入党誓词，经常加以对照，坚定不移，终身不渝。

当天下午，习近平等从上海乘火车来到浙江嘉兴市，继续追寻中共一大足迹。当时，正在上海召开的中共一大因遭到上海法租界巡捕袭扰，紧急转移到浙江嘉兴南湖一条小船上继续进行，在船上完成了大会全部议程。红船由此得名并名扬天下。

微风习习、清波荡漾的南湖，下午 4 时 40 分许迎来了习近平一行。习近平等走到湖边，瞻仰红船，详细了解利用红船开展爱国主义教育等情况。习近平指出，小小红船承载千钧，播下了中国革命的火种，开启了中国共产党的跨世纪航程。

离开南湖，习近平等前往南湖革命纪念馆参观。这座纪念馆 2006 年 6 月 28 日由时任浙江省委书记习近平亲自奠基，2011 年纪念建党 90 周年前夕落成开放。

纪念馆圆形序厅里，精美的红船雕塑栩栩如生，硕大的镰刀锤头图案鲜艳夺目，二者交相辉映，寓意中国共产党领航中国号巨轮破浪前行。习近平等由此进入以“开天辟地”为主题的展厅，先后参观了“探索救亡图存道路”“中国共产党成立”等专题展览。这里展出的实物和图片，同上海中共一大会址的展览互为印证，翔实记录了中国共产党诞生的历史全貌。习近平不时同其他常委交流。习近平表示，从纪念馆奠基那一刻起，我就一直想着落成后要来看一看，今天如愿以偿了，确实深受教育和鼓舞。在浙江工作期间，我曾经把“红船精神”概括为开天辟地、敢为人先的首创精神，坚定理想、百折不挠的奋斗精神，立党为公、忠诚为民的奉献精神。我们要结合时代特点大力弘扬“红船精神”。

参观结束时，习近平发表了重要讲话。他表示，我们全体中央政治局常委同志这次集体出行，目的是回顾我们党的光辉历程特别是建党的历史，进行革命传统教育，学习革命先辈的崇高精神，明确肩负的重大责任，增强为实现党的十九大提出的目标任务而奋斗的责任感和使命感。

习近平指出，上海党的一大会址、嘉兴南湖红船是我们党梦想起航的地方。我们党从这里诞生，从这里出征，从这里走向全国执政。这里是我们党的根脉。

习近平强调："其作始也简，其将毕也必巨。"96年来，我们党团结带领人民取得了举世瞩目的伟大成就，这值得我们骄傲和自豪。同时，事业发展永无止境，共产党人的初心永远不能改变。唯有不忘初心，方可告慰历史、告慰先辈，方可赢得民心、赢得时代，方可善作善成、一往无前。

习近平指出，党的十九大擘画了党和国家事业发展的目标和任务，全党同志必须坚持全心全意为人民服务的根本宗旨，不断带领人民创造更加幸福美好的生活；牢记共产主义远大理想，坚定中国特色社会主义共同理想，一步一个脚印向着美好未来和最高理想前进；始终保持谦虚谨慎、不骄不躁的作风，不畏艰难、不怕牺牲，为实现"两个一百年"奋斗目标、实现中华民族伟大复兴的中国梦而不懈奋斗。

临行时，习近平同纪念馆工作人员亲切握手，勉励大家从党的光辉历史中汲取奋进的力量，在为党和人民事业不断做出贡献的同时书写好自己的人生篇章。大家报以长时间热烈的掌声。

中共中央政治局委员丁薛祥、李强、陈希和中央有关部门负责同志，上海市、浙江省有关负责同志参加上述活动。

（《人民日报》2017年11月1日）

Q1 红船精神是怎样提炼出来的？

A 中国共产党的创建历程是红船精神产生的实践基础，红船精神集中体现了中国共产党的建党精神。作为一种精神存在，她的产生早于井冈山精神、延安精神和西柏坡精神等革命精神。2005年，习近平同志首次提出红船精神，并精辟概括了红船精神的深刻内涵、历史地位和当代价值。红船精神的提出，在党的革命精神历史建构上填补了中国共产党创建到大革命之间的中国革命精神史的空白，使得中国共产党的革命精神史与中国共产党的历史在时间序列上实现了一致。

1921年7月，正在上海召开的中共一大因遭到上海法租界巡捕袭扰，紧急转移到浙江嘉兴南湖一条小船上继续进行，在船上完成了大会全部议程，宣告中国共产党正式成立。这条小船因而获得了一个永载中国革命史册的名字——红船。小小红船承载千钧，播下了中国革命的火种,成为中国共产党梦想起航的地方。从1959年南湖革命纪念馆成立起,红船就一直停泊在南湖烟雨楼前的水面上,成为一种精神的象征。在此后的岁月里,一批批共产党员和普通民众来到嘉兴南湖瞻仰红船,回顾建党的光辉历史,接受革命传统教育,学习革命先辈的崇高精神。人们对红船的崇敬之情使得对红船精神的理论提炼日益成为时代发展的需要。

习近平同志十分重视对红船精神的提炼和传承。早在2002年调任浙江工作后不久,他就专程到嘉兴瞻仰了南湖红船,追寻党的根脉。习近平同志提出,如果我们的党员同志能够到南湖,看一次展览,听一次党课,学一次党章,观一次专题片,瞻仰一次红船,重温一次入党誓词,将有助于"精神传承、思想升华"。

2005年春节后第一个工作日,习近平同志结合党的先进性教育活动,率省委理论学习中心组成员来到南湖瞻仰红船,追寻党的先进性之源。6月21日,他在《光明日报》发表署名文章《弘扬"红船精神" 走在时代前列》,在文中首次提出红船精神,并指出红船精神"是中国革命精神之源","是党的先进性之源"。[①] 2006年6月28日,

---

① 习近平:《弘扬"红船精神" 走在时代前列》,载《光明日报》2005年6月21日。

习近平同志又亲自为南湖革命纪念馆新馆奠基。新馆于2011年纪念建党90周年前夕落成开放。

2017年10月31日，党的十九大胜利闭幕仅一周，习近平同志就带领新一届中央政治局常委专程从北京前往上海和浙江嘉兴，瞻仰上海中共一大会址和浙江嘉兴南湖红船，并参观了南湖革命纪念馆，发表了重要讲话。在讲话中，习近平同志再次诠释红船精神，号召要结合时代特点大力弘扬红船精神。十多年来，习近平同志对红船精神的提炼、传承与弘扬，体现了他深厚的红色情怀和高度的理论自信，揭示了新时代中国特色社会主义思想的重要内容之一即“不忘初心、牢记使命”，也为全党、全国人民树立了体现时代特征与社会发展方向的精神标杆。

Q2 红船精神的主要内涵是什么？

A 中国产生了共产党，这是开天辟地的大事变。这一开天辟地的大事变，深刻改变了近代以后中华民族发展的方向和进程，深刻改变了中国人民和中华民族的前途和命运，深刻改变了世界发展的趋势和格局。在中国共产党创建的历史实践中孕育形成了伟大的红船精神。习近平同志指出："开天辟地、敢为人先的首创精神，坚定理想、百折不挠的奋斗精神，立党为公、忠诚为民的奉献精神，是中国革命精神之源，也是'红船精神'的深刻内涵。"①

开天辟地、敢为人先的首创精神。中华民族的先进分子以开天辟地、敢为人先的首创精神，站在历史和时代发展的潮头，在"九州生气恃风雷，万马齐喑究可哀"的艰

---

① 习近平：《弘扬"红船精神" 走在时代前列》，载《光明日报》2005年6月21日。

难环境中，经过艰辛探索和反复比较，最终选择了马克思主义，创建了中国共产党。此后，中国革命的面貌就焕然一新了。

从 1840 年第一次鸦片战争开始，西方列强的坚船利炮一次又一次地敲开了中国的大门，中国逐步沦为半封建半殖民地社会。在帝国主义的侵略和本国封建主义的压迫下，中国人民处于水深火热之中，中华民族到了最危险的时候。为了反对外国的侵略和反动阶级的统治，实现中华民族的伟大复兴，先进的中国人提出过不同的救国方案，并为此进行过各种努力。无论是地主阶级的“洋务梦”、农民阶级的“天国梦”，还是资产阶级改良派的“变法梦”，或是资产阶级革命派的“共和梦”，都接连梦碎，无法实现。先进的中国人继续在黑暗中苦苦探索救国救民的道路。

十月革命一声炮响，给我们送来了马克思列宁主义，使中国的先进分子“用无产阶级的宇宙观作为观察国家命运的工具，重新考虑自己的问题。走俄国人的路——这就是结论”[1]。五四运动中工人阶级开始登上政治舞台，马克思主义同中国工人运动相结合的主客观条件已

① 《毛泽东选集》(第 4 卷)，北京：人民出版社 1991 年版，第 1471 页。

经成熟。中国共产党正是顺应求民族独立、谋人民解放的历史要求，勇立社会历史发展的潮头，在南湖红船上宣告成立，从此使中国革命的历史翻开了崭新的一页。上海党的一大会址、嘉兴南湖红船是我们党梦想起航的地方。我们党从这里诞生，从这里出征，从这里走向全国执政。这里是我们党的根脉。

坚定理想、百折不挠的奋斗精神。中国共产党是以马克思主义理论武装起来的先进政党，实现共产主义是党的最高理想和最终奋斗目标。中国共产党的诞生，使中国革命从此有了坚定的理想信念和强大的精神支柱。只有坚持不懈地奋斗，我们党才能始终走在时代前列，中华民族伟大复兴的巨轮才能够乘风破浪、胜利驶向光辉的彼岸。

坚定理想信念，坚守共产党人精神追求，始终是共产党人安身立命的根本，是共产党人的政治灵魂，是共产党人经受住任何考验的精神支柱。坚定理想信念，必须坚定对马克思主义的信仰，必须坚定对社会主义和共产主义的信念。我们党之所以能够完成近代以来各种政治力量不可能完成的艰巨任务，就在于始终把马克思主义这一科学理论作为自己的行动指南。我们党之所以能够经受一次次挫折而又一次次奋起，归根到底是因为我们党有远大理想和崇高追求。

在前进的道路上，我们党历经各种艰难险阻和风险考验，屡遭曲折而初心不改，靠的就是坚定理想、百折不挠的奋斗精神。党的一大代表在白色恐怖笼罩下，冒着危险从上海望志路转至嘉兴南湖的一艘游船上，完成了缔造中国共产党的神圣使命。之后，中国共产党人胸怀理想，矢志奋斗，完成了新民主主义革命和社会主义革命，进行了改革开放新的伟大革命，推动中国革命和建设事业的大船劈波斩浪、不断向前。

立党为公、忠诚为民的奉献精神。中国共产党是中国工人阶级的先锋队，同时是中国人民和中华民族的先锋队。我们党从诞生那日起，就把全心全意为人民服务作为党的根本宗旨，始终代表最广大人民的根本利益，从来没有自己的私利。中国共产党载着红船的意愿，依水行舟，把立党为公、忠诚为民的奉献精神贯穿到中国革命、建设和改革的全过程。

近代以来，灾难深重的中国人民深受帝国主义、封建主义和官僚资本主义的三重压迫，民族危机和社会危机空前深重。中国共产党正是在求民族独立和人民解放的历史大潮中，应运而生。“革命声传画舫中，诞生共党庆工农。”中国共产党一经成立，就自觉肩负起为人民谋利益的神圣职责和崇高使命，并以自己的身体力行，宣传、发动和引领全国各族人民团结一心，和衷共济，英勇奋战，在推进中国革命、建设和改革的进程中，不断维护好、实现好、发展好最广大人民的根本利益。

不忘初心，方得始终。中国共产党人的初心和使命就是为中国人民谋幸福，为中华民族谋复兴。唯有不忘初心，方可告慰历史、告慰先辈，方可赢得民心、赢得时代，方可善作善成、一往无前。在新的历史征程中，中国共产党人必须坚持以人民为中心的发展思想，把人民放在心中最高位置，努力处理好人民日益增长的美好生活需要和不平衡不充分的发展之间的矛盾，坚持一切为了人民、一切依靠人民，充分发挥人民群众的积极性、主动性和创造性，不断把为人民造福的事业全面推向前进。

Q3 为什么说开天辟地、敢为人先的首创精神是红船精神的核心？

A 开天辟地、敢为人先的首创精神是红船精神的核心内涵。中国共产党的成立，是开天辟地的大事变，是近代中国革命史上划时代的里程碑，也是国际共产主义运动中的一件大事，具有伟大的历史意义。习近平同志指出："一个大党诞生于一条小船。从此，中国共产党引领革命的航船，劈波斩浪，开天辟地，使中国革命的面貌焕然一新。"①

首创精神体现了马克思主义的革命精神。中国的早期马克思主义者面对的是一个灾难深重的旧世界，中华民族面临着亡国灭种的危险。从十月革命的火光中，早期先进分子找到了能够指引中国人民摆脱苦难、走向光

① 习近平：《弘扬"红船精神" 走在时代前列》，载《光明日报》2005年6月21日。

明与幸福的马克思主义。在马克思主义的指引下,他们公然以大无畏的革命精神向反动政府宣战。革命精神是中国共产党发展壮大的红色基因。不管是在革命年代,还是在建设和改革过程中,都要坚持这种革命精神。习近平同志强调,不忘初心,牢记使命,就不要忘记我们是共产党人,我们是革命者,不要丧失了革命精神。如果丧失了革命精神,满足于现状,中国共产党的先进性也将消失。过去为夺取政权而进行的斗争是革命,今天为实现伟大梦想而进行的斗争也是革命,不同的只是革命的具体形式与斗争策略,不变的则是共产党人的革命精神。要实现党和国家兴旺发达、长治久安,全党同志必须保持革命精神、革命斗志。

党从成立伊始,就以大无畏的担当精神,义无反顾地担当起推翻帝国主义和封建主义统治、实现民族独立和人民解放、彻底改变国家贫穷落后面貌的伟大历史使命,走上了通过反帝反封建的民族民主革命实现救亡图存、改变国家民族命运的道路。敢于担当是中国共产党人的鲜明品格。党的十八大以来,习近平同志反复强调党员干部特别是领导干部要敢于担当,敢于坚持原则,并带头示范、以上率下。他在接受俄罗斯电视台专访时说:“我的执政理念,概括起来说就是:为人民服务,担当起该担当的责任。”①

中华民族是富有创新精神的民族，是勇于创新、善于创新的民族。千百年来，中华民族生生不息，日益强大，靠的就是这种创新精神。但是到了近代，因为不思进取，因循守旧，中华民族落伍了。只有革故鼎新，古老中国才有新的生机和出路。五四时期是中国社会的一个急剧变动的时代，也是一个呼唤创新的时代。正是树立了创新意识、创新观念，中国先进分子开始宣传各种新思潮，并在实践上进行了许多方面的创新。在此过程中，一部分先进分子转而信仰马克思主义，促进了中国共产党的创建。

首创精神体现了马克思主义的理论品质。马克思主义具有与时俱进的理论品质，这种理论品质根源于马克思主义的实践本性。马克思主义不是远离生活和脱离实践的书斋理论，而是深深地根植于实践、服务于实践又在实践中不断发展的理论。只有依据新的实践发展不断进行理论创造，才能保持马克思主义的生机和活力。马克思主义要在中国生根、开花、结果，必须按照中国的特点去应用马克思主义，发展马克思主义。毛泽东指出：“只

① 习近平：《习近平谈治国理政》，北京：外文出版社 2014 年版，第 101 页。

有一般的理论,不用于中国的实际,打不得敌人。但如果把理论用到实际上去,用马克思主义的立场、方法来解决中国问题,创造些新的东西,这样就用得了。”[①]就是说,要使马克思主义理论中国化,就要有创新精神,必须反对教条主义。马克思主义发展史就是一部不断解放思想、理论创新的历史。

中国共产党是一个具有强烈创新意识和伟大创造精神的政党。马克思主义与时俱进的理论品质赋予了中国共产党寻求创新的强大动力。中国共产党的历史就是在革命、建设和改革的各个历史时期,把马克思主义基本原理与各个历史时期的具体实践相结合的过程,是一个理论与实践不断发展、不断创新、不断飞跃的过程,是不断推进马克思主义中国化的过程。

首创精神体现了中国共产党的鲜明特征。大革命失败以后,毛泽东带领中国共产党以大无畏的革命首创精神,在井冈山创立了中国第一块农村革命根据地。苏区时期,全体干部勤政为民,勇于开拓,培育了“争创一流”的优良作风和革命精神。伟大的长征是举世无双的奇迹,是惊天动地的革命壮举。长征队伍到达延安后,民族

① 《毛泽东文集》(第2卷),北京:人民出版社1993年版,第408页。

矛盾、阶级矛盾交替上升剧变，中华民族到了最危险的时候，中国革命也到了生死存亡的紧要关头。中国共产党从实际出发，不迷信教条，不迷信模式，勇于开拓创新。毛泽东全面阐释了中国式的特殊的新民主主义革命理论，深刻论证了马克思主义“本本”中所没有的新民主主义社会理论，建构了革命转变理论的科学体系。中共中央在西柏坡时，面对能否学会建设、能否搞好建设的问题，毛泽东指出：“我们不但善于破坏一个旧世界，我们还将善于建设一个新世界。”[①]没有“两个善于”的精神，就没有中华人民共和国的诞生。没有创新精神，不发挥人民群众的首创精神，也不可能有改革开放以来取得的伟大成就。

首创精神是红船精神的核心，是走在时代前列的关键体现。习近平同志指出：“坚持创新发展，是我们分析近代以来世界发展历程特别是总结我国改革开放成功实践得出的结论，是我们应对发展环境变化、增强发展动力、把握发展主动权，更好引领新常态的根本之策。”[②]中国共产党要始终站在历史和时代发展的前列，必须建

---

①《毛泽东选集》(第 4 卷)，北京：人民出版社 1991 年版，第 1439 页。

② 习近平：《在省部级主要领导干部学习贯彻党的十八届五中全会精神专题研讨班上的讲话》，载《人民日报》2016 年 5 月 10 日。

设创新型马克思主义政党，继承和发扬党的创新传统，提升党的创新能力，提高党治国理政和服务人民的能力。

Q4 为什么说坚定理想、百折不挠的奋斗精神是红船精神的支柱？

A 坚定理想、百折不挠的奋斗精神是红船精神的支柱，是党始终站在历史和时代发展的前列、保持先进性和纯洁性的根本保证。“坚定理想”就是坚守共产党人的精神追求，坚定对马克思主义的信仰，坚定对社会主义和共产主义的信念。“百折不挠”就是为了实现共产主义理想勇于实践，不论经受多少挫折，决不屈服退缩的坚强品格。面对艰难险阻、风险和挑战，只有坚持不懈地奋斗，才能把理想蓝图变成美好现实，才能落实走在前列的要求。艰苦奋斗是马克思主义政党的政治本色，也是实现共产主义远大理想和中国特色社会主义共同理想的必然要求。

奋斗精神体现了共产党人对理想信念的执着追求。共产主义理想的实现不是哲学抽象的逻辑推演，而是在现实中不断改造自然界和人类社会、同时改造人自身的过程。人的各种活动最终促成了社会历史的发生、发展、进步。没有人类及其能动的实践活动,就根本不会有社会历史的产生、发展和进步。马克思说:“一步实际运动比一打纲领更重要。”[①]党的十八大以来,习近平同志多次强调,“空谈误国,实干兴邦”。他号召广大党员干部特别是领导干部,要“大力弘扬实事求是、求真务实精神,理解改革要实,谋划改革要实,落实改革也要实,既当改革的促进派,又当改革的实干家”[②]。事业是干出来的,不是说出来的。

我们要为实现共产主义的远大目标而奋斗,首先必须从实际出发,把崇高的理想同实事求是的精神和脚踏实地的工作统一起来,既放眼未来又立足当前。习近平同志指出:“我们既要坚定走中国特色社会主义道路的信念,也要胸怀共产主义的崇高理想,矢志不移贯彻执行党在社会主义初级阶段的基本路线和基本纲领,做好当前每一项工作。革命理想高于天。没有远大理想,不是合

---

①《马克思恩格斯选集》(第3卷),北京:人民出版社1995年版,第296页。

②《习近平主持召开中央全面深化改革领导小组第十四次会议　强调把“三严三实”贯穿改革全过程　努力做全面深化改革的实干家》,载《人民日报》2015年7月2日。

格的共产党员；离开现实工作而空谈远大理想，也不是合格的共产党员。”[①]党的十八大以来，以习近平同志为核心的党中央立足当代中国实际、总结历史经验、直面突出矛盾和问题，顺利推进了中国特色社会主义伟大事业。

奋斗精神体现了马克思主义的实践品格。习近平同志指出：“马克思主义具有鲜明的实践品格，不仅致力于科学‘解释世界’，而且致力于积极‘改变世界’。”[②]在马克思看来，真正的哲学不是脱离现实的纯粹思辨，也不是封闭的思想体系，而是批判资本主义，为无产阶级解放寻求现实道路的思想武器。正是马克思主义的实践品格，使关注救亡图存的务实的早期先进分子乐意去接受和宣传马克思主义，并信仰马克思主义。也正是这种实践的品格，使马克思主义普遍原理与中国的革命、建设和改革实际相结合，得以在中国具体化，指导中国革命、建设和改革实践。

中国共产党的历史是一部勇于实践、饱经磨难，在与各种困难和风险的较量中战而胜之、实现自身发展、赢得

---

① 习近平：《习近平谈治国理政》，北京：外文出版社2014年版，第23页。

② 习近平：《在哲学社会科学工作座谈会上的讲话》，载《人民日报》2016年5月19日。

人民信赖的历史。90 多年来,为了实现中华民族伟大复兴的历史使命,无论是弱小还是强大,无论是顺境还是逆境,我们党都初心不改、矢志不渝,团结带领人民历经千难万险,付出巨大牺牲,敢于面对曲折,勇于修正错误,攻克了一个又一个看似不可攻克的难关,创造了一个又一个彪炳史册的人间奇迹。

奋斗精神体现了中国共产党的政治本色。毛泽东同志指出,“艰苦奋斗是我们的政治本色”①。艰苦奋斗是与崇高的理想信念联系在一起的。立志为共产主义奋斗的共产党人,要禁得起挫折和失败的考验,要有百折不挠的毅力和脚踏实地的实干精神。土地革命时期,在井冈山的斗争中,面对艰苦的斗争环境和物质条件,红军官兵发扬艰苦奋斗的精神,积极展开自救运动,“星星之火,可以燎原”“红米饭、南瓜汤”展现了对共产主义的坚定信念。在长征途中,无论是面对险恶的自然环境,还是敌人的围追堵截,红军战士以超乎寻常的意志进行了艰苦卓绝的斗争,“红军不怕远征难,万水千山只等闲”表现了革命必胜的信念。在抗日战争时期,面对“要么饿死,要么解散,要么自己动手丰衣足食”的艰难困苦,中国共产党凭着坚

① 《毛泽东文集》(第 7 卷),北京:人民出版社 1999 年版,第 162 页。

定的共产主义理想带领人民在革命圣地延安自力更生、艰苦创业,大大改观了经济面貌,粉碎了经济封锁,克服了财政困难,为夺取抗日战争和解放战争的胜利奠定了物质基础。在解放战争时期,西柏坡提出的两个务必之一"务必使同志们继续地保持艰苦奋斗的作风",包含着对我们党艰苦奋斗历程的深刻总结。社会主义建设和改革的历史,也是如此,是一部我们党领导中国人民艰苦奋斗的创业史。

真正的共产主义者必须把共产主义信仰付诸实践。任何理想的实现都是一个实践的过程。习近平同志说,"共产主义决不是'土豆烧牛肉'那么简单",但是,"如果大家都觉得这是看不见摸不着的东西,没有必要为之奋斗和牺牲,那共产主义就真的永远实现不了了。我们现在坚持和发展中国特色社会主义,就是向着最高理想所进行的实实在在努力"。[①] 共产主义远大理想与中国特色社会主义的共同理想是统一的。近代以来的历史证明,只有社会主义才能救中国,只有中国特色社会主义才能发展中国。虽然经过长期努力,我们进入了中国特色社会主义新时代,社会主要矛盾发生了变化,但必须清醒地

① 习近平:《习近平谈治国理政(第二卷)》,北京:外文出版社 2017 年版,第 142—143 页。

认识到,我国仍处于并将长期处于社会主义初级阶段的基本国情没有变,中国作为世界上最大的发展中国家的国际地位没有变。这种国情从根本上决定了共产党人要继续保持艰苦奋斗的精神。

习近平同志指出:"我们要永远保持建党时中国共产党人的奋斗精神,永远保持对人民的赤子之心。"[①]中国共产党为共产主义而生,共产主义是马克思主义的实践归宿,是中国共产党人的远大目标。90 多年来,中国共产党人之所以能够历经挫折而又一次次奋起,归根到底是因为有远大理想和崇高追求。

---

① 习近平:《在庆祝中国共产党成立 95 周年大会上的讲话》,载《人民日报》2016 年 7 月 2 日。

Q5 为什么说立党为公、忠诚为民的奉献精神是红船精神的本质？

A 立党为公、忠诚为民的奉献精神是红船精神的本质，是党始终站在历史和时代发展的前列，保持先进性和纯洁性的价值追求。“立党为公”彰显了马克思主义政党的性质和宗旨，它表明中国共产党的成立不是为了少数人的私利，而是忠实地代表中国各族人民的利益，是为了国家富强、民族振兴、人民幸福。“忠诚为民”彰显了共产党人的价值追求。共产党人必须把大公无私、为最大多数人的利益而奋斗作为自己的基本价值观念。立党为公、忠诚为民的奉献精神实质上就是为共产主义的崇高事业和最广大人民群众的根本利益而不懈努力。

奉献精神体现了党性与人民性的内在统一。全心全意为人民服务是中国共产党的宗旨。红船之所以能够从南湖驶向全中国，勇立潮头、破浪飞舟、扬帆远航，始终得到人民群众的信任和支持，最根本原因就在于我们党坚持把人民群众的利益放在首位。全心全意为人民服务，是一名共产党员的根本任务，也是判断一名共产党员是否合格的基本标准。党的十八大以来，习近平同志多次强调共产党员要增强宗旨意识，他说："不忘初心，方得始终。全国广大共产党员要始终在党爱党、在党为党，心系人民、情系人民，忠诚一辈子，奉献一辈子，以自己的实际行动，团结带领亿万人民为实现'两个一百年'奋斗目标、实现中华民族伟大复兴的中国梦而共同奋斗。"①

奉献精神体现了马克思主义的价值旨归。马克思主义以追求人的自由而全面的发展和最终实现全人类的共同解放为宗旨，是真理与价值的统一。马克思主义既是人类观察世界、分析问题的有力思想武器，也是无产阶级解放条件的理论概括和无产阶级革命行动的指南。在中国共产党建党过程中彰显的立党为公、忠诚为民的奉献精神，是马克思主义理论本性的逻辑使然。习近平同志深刻指出："无论时代如何变迁、科学如何进步，马克思主义依然显示出科学思想的伟力，依然占据着真理和道义

---

①《习近平给国测一大队老队员老党员回信勉励广大共产党员　在党爱党在党为党　忠诚一辈子奉献一辈子》，载《人民日报》2015 年 7 月 2 日。

的制高点。”①

奉献精神体现了中国共产党的政治立场。习近平同志指出：“人民立场是中国共产党的根本政治立场，是马克思主义政党区别于其他政党的显著标志。”②这一重要论述深刻揭示了中国共产党的鲜明本质特征，阐释了党的立场感情、精神追求和价值取向。是为了人民群众的利益而奋斗，还是贪图享乐，是马克思主义政党与资产阶级政党的显著区别之一。马克思、恩格斯在《共产党宣言》中明确指出，共产党人“没有任何同整个无产阶级的利益不同的利益”③。任何一个政党都有自己的宗旨。马克思主义政党的阶级立场和历史使命，决定了它必须把为最广大人民群众的利益而奋斗作为自己的基本价值遵循。习近平同志指出：“衡量一名共产党员、一名领导干部是否具有共产主义远大理想，是有客观标准的，那就要看他能否坚持全心全意为人民服务的根本宗旨，能否吃苦在前、享受在后，能否勤奋工作、廉洁奉公，能否为理想

① 习近平：《在哲学社会科学工作座谈会上的讲话》，载《人民日报》2016年5月19日。

② 习近平：《在庆祝中国共产党成立95周年大会上的讲话》，载《人民日报》2016年7月2日。

③《马克思恩格斯选集》（第1卷），北京：人民出版社1995年版，第285页。

而奋不顾身去拼搏、去奋斗、去献出自己的全部精力乃至生命。”①

使人民过上幸福美好的生活，是无数共产党人始终不渝的奋斗事业。党的事业，人民的事业，是靠千千万万党员的忠诚奉献而不断铸就的。正因为中国共产党解决群众的生产和生活问题，从而赢得了民心，为取得革命战争的胜利获得了源源不断的支持。土地革命时期，红军将士自觉践行党的宗旨，想群众之所想，急群众之所急，以实际行动关心群众的疾苦，拉近了党和群众的距离，赢得了民心。抗日战争时期，毛泽东多次告诫全党同志要全心全意为人民服务。解放战争时期，我们党靠走群众路线，放手发动群众，把人民群众紧紧团结在党的周围，形成强大的革命阵营，夺取了革命的主动权，取得了解放战争的胜利。新中国成立以后，随着国民经济的恢复和发展，人民的生活状况逐步得到改善。改革开放以来，随着生产力的不断解放和发展，创造了更加丰富的社会物质财富，人民生活水平显著提高。

奉献精神是红船精神的本质，是走在时代前列的价值体现。在中国共产党创立和发展的近百年光辉历程

---

① 习近平：《习近平谈治国理政》，北京：外文出版社 2014 年版，第 23—24 页。

中，坚守人民立场，与人民风雨同舟、生死与共，始终保持血肉联系，是我们党战胜一切困难、不断取得胜利、走向辉煌的成功之基和制胜法宝。习近平同志说："检验我们一切工作的成效，最终都要看人民是否真正得到了实惠，人民生活是否真正得到了改善，这是坚持立党为公、执政为民的本质要求，是党和人民事业不断发展的重要保证。"①

① 习近平：《全面贯彻落实党的十八大精神要突出抓好六个方面工作》，载《求是》2013 年第 1 期。

Q6 为什么说红船精神集中体现了中国共产党的建党精神？

A 伟大的革命实践产生伟大的革命精神。中国共产党的建党精神集中体现在早期共产党人的建党实践活动中。红船，见证了中国历史上开天辟地的大事变，红船精神集中体现了中国共产党伟大的建党精神。习近平同志指出："当初，党的'一大'会议在白色恐怖中召开，由上海转至嘉兴，在南湖红船上完成缔造中国共产党的使命"，"红船，见证了中国历史上开天辟地的大事变，成为中国革命源头的象征"。[①] 红船精神是对中国共产党建党精神的高度概括。

中国共产党的诞生，中国革命、中国历史新纪元的开辟，生动诠释了开天辟地、敢为人先的首创精神。革命没

① 习近平：《弘扬"红船精神" 走在时代前列》，载《光明日报》2005 年 6 月 21 日。

有现成路可走，没有现成模式可循，开辟新路就需要有“敢为人先”的气魄和胆识。中国共产党的诞生这一事实本身就是“开天辟地的大事变”，体现了“敢为人先”的首创精神。党的一大通过的《中国共产党纲领》，确定党的名称是“中国共产党”。这个纲领，从思想到内容，体现了早期共产主义者拯救中国社会、建立无产阶级政党的思想，明确规定党的奋斗目标是社会主义和共产主义。毛泽东同志说：“1917 年的俄国革命唤醒了中国人，中国人学得了一样新的东西，这就是马克思列宁主义。中国产生了共产党，这是开天辟地的大事变。”[①]中国共产党的诞生深刻改变了近代以后中华民族发展的方向和进程，深刻改变了中国人民和中华民族的前途和命运，深刻改变了世界发展的趋势和格局。只有社会主义才能够救中国，这是被中国近代历史所证明的颠扑不破的真理。然而，要在中国救亡图存的历史中，开辟出通向社会主义的正确道路，却是前无古人的事业。开天辟地、敢为人先的首创精神昭示我们，在社会发展的进程中，我们必须勇立潮头，敢为人先，以创新的精神永葆党的生机和活力。

中国共产党不断坚持真理、修正错误，从不动摇对马

① 《毛泽东选集》(第 4 卷)，北京：人民出版社 1991 年版，第 1514 页。

克思主义的信仰、对共产主义的信念,生动诠释了坚定理想、百折不挠的奋斗精神。理想信念是思想和行动的“总开关”与“总闸门”,是一个人的精神支柱,也是一个政党、一个民族的精神支柱。坚定的理想、执着的信念是早期共产主义先进分子战胜一切困难的力量源泉。中国共产党人不管风吹浪打,不怕急流险滩,始终坚定自己的理想和信念,以压倒一切敌人、战胜一切困难的大无畏英雄气概,矢志推动中国革命和建设事业的大船劈波斩浪、不断奋进。习近平同志指出:“革命理想高于天。中国共产党之所以叫共产党,就是因为从成立之日起我们党就把共产主义确立为远大理想。我们党之所以能够经受一次次挫折而又一次次奋起,归根到底是因为我们党有远大理想和崇高追求。”[①]坚定理想、百折不挠的奋斗精神昭示我们,实现中华民族伟大复兴的中国梦任重而道远,必须认定目标,脚踏实地,一步一个脚印,才能带领全国人民共创美好未来。

我们党从诞生之日起,就把实现民族独立和人民解放,实现国家富强和人民幸福作为执着追求,生动诠释了立党为公、忠诚为民的奉献精神。《共产党宣言》开宗明

① 习近平:《在庆祝中国共产党成立 95 周年大会上的讲话》,载《人民日报》2016 年 7 月 2 日。

义地指出,“过去的一切运动都是少数人的或者为少数人谋利益的运动。无产阶级的运动是绝大多数人的、为绝大多数人谋利益的独立的运动”①。中国共产党从诞生那天起,就没有自己的特殊利益,而是以全心全意为人民服务为根本宗旨。党的一大通过的《中国共产党纲领》明确提出:革命军队必须与无产阶级一起推翻资本家阶级的政权,必须援助工人阶级,直到社会阶级区分消除的时候。党的二大通过的《关于议会行动议决案》明确指出:中国共产党为代表中国无产阶级及贫苦农人群众的利益而奋斗的先锋军,是无产阶级中最有革命精神的广大群众组织起来为无产阶级之利益而奋斗的政党。这深刻地阐明了中国共产党从一开始就是一个维护人民利益、代表中国最广大人民利益的政党。早期共产主义者不仅是党的纲领的制定者,也是党的纲领的执行者。他们中绝大多数终其一生都在全心全意为人民谋福利、谋幸福。立党为公、忠诚为民的奉献精神昭示我们,党和人民的关系就好比舟和水的关系,“水可载舟,亦可覆舟”。只有始终保持与人民群众的血肉联系,我们党才能保持根本性质、恪守根本宗旨、牢记根本使命,才能巩固长期执政的

① 《马克思恩格斯选集》(第1卷),北京:人民出版社2012年版,第411页。

地位。

不忘初心,才能乘胜前进。建党精神是我们勇立潮头的信心之源,是我们走在前列的动力之源。习近平同志指出:“红船劈波行,精神聚人心。红船所代表和昭示的是时代高度,是发展方向,是奋进明灯,是铸就在中华儿女心中的永不褪色的精神丰碑。”[1]

① 习近平:《弘扬“红船精神” 走在时代前列》,载《光明日报》2005 年 6 月 21 日。

Q7 为什么说红船精神是中国革命精神之源？

A 在近百年的奋斗历程中，中国共产党培育形成了一系列彰显党的性质与宗旨，体现时代要求，凝聚各方力量的伟大精神。在新民主主义革命时期，有红船精神、井冈山精神、苏区精神、长征精神、抗战精神、延安精神、西柏坡精神等革命精神。在社会主义革命和建设时期，有抗美援朝精神、兵团精神、北大荒精神、大庆精神、红旗渠精神、“两弹一星”精神、焦裕禄精神、雷锋精神等革命精神。改革开放以来，在开辟中国特色社会主义道路中形成了深圳特区精神、抗洪精神、航天精神、抗震救灾精神、北京奥运精神等革命精神。这些形成于不同历史时期的革命精神，虽然各自具有不同的鲜明特点，但是都继承和发展了红船精神的核心内涵。习近平同志指出：“‘红船精神’正是中国革命精神之源：中国共产党历史上形成的优良传统和革命精神，无不与之有着直接的渊源关系。”[①]红船精神是中国共产党革命精神的历史起点和逻辑起点，她的内涵是贯穿所有革命精神的红线。

首创精神的继承和发展。土地革命时期，中国共产党在井冈山创建了第一块农村革命根据地，开辟了“农村包围城市，武装夺取政权”的道路，点燃了中国革命的“星星之火”。中国工农红军的二万五千里长征是举世无双的创举，成为人类坚定无畏的象征。抗日战争时期，中国共产党科学总结正反两方面经验，实现了马克思主义中国化的第一次历史性飞跃。解放战争时期，面对革命形势的迅猛发展，中共中央在复杂的政治风云和决定中国人民前途和命运的历史关头，敢于不失时机地发起战略决战，取得了新民主主义革命的胜利，为从新民主主义向社会主义过渡开辟了道路。社会主义革命和建设时期，北大荒人用他们的汗水与智慧把荒凉的北大荒变成了祖国的粮仓，创造了人间的奇迹；在红旗渠的修建过程中，林县人民团结一致，树立了一座改造自然的历史丰碑。改革开放时期，敢闯、敢冒、敢试、敢为天下先是深圳特区建设取得伟大成就的最根本原因；载人航天工程科技人

---

① 习近平：《弘扬“红船精神” 走在时代前列》，载《光明日报》2005 年 6 月 21 日。

员始终不懈探索、敢于超越，展示了新时期中国航天人的卓越创新能力……总之，井冈山精神中的“敢闯新路”、苏区精神中的“争创一流”、西柏坡精神中的“勇于创新”、北大荒精神中的“勇于开拓”、“两弹一星”精神中的“协同创新”、深圳特区精神中的“敢为天下先”、抗洪精神中的“坚韧不拔、敢于胜利”、航天精神中的“特别能攻关”等，都贯穿了开天辟地、敢为人先的首创精神。

奋斗精神的继承和发展。土地革命时期，井冈山军民坚信“星星之火，可以燎原”，在生活极为艰苦的条件下仍坚持奋战。中国工农红军依靠着坚定信念完成了二万五千里长征，为人类历史书写了一部无与伦比的英雄史诗。抗日战争时期，中国共产党人凭着坚定的信念取得大生产运动的胜利，实现了经济独立，并在政治、理论上不断走向成熟。解放战争时期，毛泽东同志提出了“务必使同志们继续地保持艰苦奋斗的作风”的要求。社会主义革命和建设时期，“两弹一星”科技工作者自力更生、艰苦奋斗，靠自己的力量创造出了辉煌的业绩。改革开放时期，中国航天人员为了完成载人航天这项空前复杂的工程，知难而进，顽强拼搏，在重重困难面前百折不挠，在道道难关面前决不退缩，以惊人的毅力和勇气战胜了各种难以想象的困难；2008 年，在同特大地震灾害的艰苦搏斗中,党和人民不畏艰险、百折不挠,充分展现了中华民族自强不息、敢于胜利的民族品格……总之,井冈山精神中的"坚定信念、艰苦奋斗",长征精神中的"紧紧依靠人民群众,同人民群众生死相依、患难与共、艰苦奋斗",延安精神中的"自力更生、艰苦奋斗",西柏坡精神中的"谦虚谨慎、艰苦奋斗",北大荒精神中的"不畏艰险、顽强拼搏",红旗渠精神中的"勤俭节约、顽强奋斗",抗洪精神中的"不怕困难、顽强拼搏",抗震救灾精神中的"不畏艰险、百折不挠"等,都贯穿了坚定理想、百折不挠的奋斗精神。

奉献精神的继承和发展。土地革命时期,群众的拥护和支持是井冈山红色政权存在的重要原因之一。红军在长征途中全面贯彻执行党的群众路线,宣传群众,组织群众,武装群众,官兵一致,同甘共苦,唤醒了广大民众,保证了长征的胜利。抗日战争时期,毛泽东同志多次告诫全党要牢记全心全意为人民服务的宗旨。解放战争时期,中国共产党依靠群众路线取得了战争的胜利,毛泽东同志明确提出,要建立人民民主专政的国家,充分展现了立党为公、忠诚为民的奉献精神。社会主义革命和建设时期,焦裕禄同志用实际行动塑造了一个优秀共产党员和党的干部的光辉形象,"他这种为民爱民亲民的作风,充分反映了共产党人和党的干部对人民群众的深厚情感和公仆情怀”[①]；雷锋同志把有限的生命投入到无限的为人民服务之中去。改革开放时期，郭明义同志牢记全心全意为人民服务的宗旨，用他的道德实践为全国人民树立了一个光辉的榜样，在平凡的岗位上做出了不平凡的业绩……总之，井冈山精神中的“依靠群众、勇于胜利”，苏区精神中的“一心为民、清正廉洁、无私奉献”，长征精神中的“为了救国救民，不怕任何艰难险阻，不惜付出一切牺牲”，延安精神中的“全心全意为人民服务的根本宗旨”，西柏坡精神中的“军民团结、同舟共济的精神”，北大荒精神中的“不计得失、勇于牺牲”，“两弹一星”精神中的“热爱祖国、无私奉献”，焦裕禄精神中的“关心群众、帮助群众”，雷锋精神中的“服务人民、助人为乐”，载人航天精神中的“特别能奉献”等，都贯穿了立党为公、忠诚为民的奉献精神。

红船精神是中国革命实践和中国共产党革命精神的开篇和奠基，是中国共产党革命精神传承发展的红色基因，流淌在中国共产党人的血脉中，分布在中华大地上，在不同的历史时期增添新的内容，焕发新的活力。红船

---

① 习近平：《结合新的实际大力弘扬焦裕禄精神》，载《求是》2009 年第 10 期。

精神与其他革命精神共同组成了中国共产党革命精神的有机整体,是革命文化中最为亮丽的风景,是我们党百年发展的精神之魂。

Q8 红船精神与井冈山精神、长征精神、延安精神、西柏坡精神等革命精神是什么关系？

A 习近平同志在《弘扬“红船精神” 走在时代前列》中对红船精神与其他革命精神的关系有如下表述：“红船，见证了中国历史上开天辟地的大事变，成为中国革命源头的象征。”“‘红船精神’同井冈山精神、长征精神、延安精神、西柏坡精神等一道，伴随中国革命的光辉历程，共同构成我们党在前进道路上战胜各种困难和风险、不断夺取新胜利的强大精神力量和宝贵精神财富。”“‘红船精神’正是中国革命精神之源：中国共产党历史上形成的优良传统和革命精神，无不与之有着直接的渊源关系。”

红船是中国革命源头的象征，代表中国共产党的初心和根脉。由红船开始的中国革命道路，开启了中华民族复兴的历史进程，红船精神成为照亮中国共产党前进的明灯,引领中国共产党前进的旗帜。正如习近平同志所说,红船精神一直激励和鼓舞着我们党坚持站在历史的高度,走在时代的前列,勇当舵手,引领航向,不断取得革命、建设和改革的一个又一个胜利。

红船代表着中国共产党人的初心,是中国共产党领导全国人民历经革命、建设、改革,探索中国特色社会主义伟大事业的根脉和灵魂。习近平同志在南湖讲话中指出,上海党的一大会址、嘉兴南湖的红船,这是我们党梦想起航的地方。96 年前,十几位中国共产党人冒着危险开完了党的第一次全国代表大会。中国共产党从这里诞生,从这里出征,从这里走向全国执政,这是我们党的根脉。王沪宁同志在 2017 年 12 月弘扬“红船精神”座谈会上提出,红船精神集中体现了中国共产党的建党精神,是中国革命精神之源,昭示着中国共产党人的初心。

红船精神与其他革命精神共同构筑了中国共产党革命精神谱系。在革命年代,中国共产党坚持并发展红船精神,形成了井冈山精神、苏区精神、长征精神、延安精神、西柏坡精神等革命精神。井冈山精神表现为“坚定信念、艰苦奋斗,实事求是、敢闯新路,依靠群众、勇于胜利”,其核心特征是“敢闯新路”。长征精神“就是把全国人民和中华民族的根本利益看得高于一切,坚定革命理想和信念，坚信正义事业必然胜利的精神；就是为了救国救民，不怕任何艰难险阻，不惜付出一切牺牲的精神；就是坚持独立自主、实事求是，一切从实际出发的精神；就是顾全大局、严守纪律、紧密团结的精神；就是紧紧依靠人民群众，同人民群众生死相依、患难与共、艰苦奋斗的精神”，其核心特征是“不怕牺牲”。延安精神体现在“坚定正确的政治方向，解放思想、实事求是的思想路线，全心全意为人民服务的根本宗旨，自力更生、艰苦奋斗的创业精神”，其核心特征是“实事求是”。西柏坡精神指“敢于斗争，敢于胜利；严守纪律，团结一致；谦虚谨慎，实事求是；依靠群众，为民创业；艰苦奋斗，不断革命的精神”，其核心特征是“敢于胜利”。

综观中国共产党革命精神史，各个时期形成的革命精神，都是中国共产党革命品质和优良传统的集中体现，是中国共产党人理想信念绽放的花朵，是特定时期党的奋斗历程、光辉业绩与精神状态的集中体现，是我们党从无到有、从小到大、从弱到强的真实记载，是党在奋斗历程中积累的最宝贵的精神财富。它们一脉相承，在历史发展的不同阶段树起了一座座丰碑，在中国共产党的历史上形成完整的精神序列，共同构筑了中国共产党革命精神历史。

红船精神是其他革命精神的源头,红船精神和其他革命精神都是中国共产党的精神动力、精神财富、精神支撑。红船开启中国革命道路,红船精神是中国革命精神的源头。正是有了红船精神的血脉,我们党才所向披靡、无往不胜,开启了中国历史的新征程,并为党在不同的历史时期孕育井冈山精神、长征精神、延安精神和西柏坡精神等革命精神提供了丰厚营养和强大支撑。

从红船精神到井冈山精神、长征精神、延安精神和西柏坡精神等革命精神,不变的是信仰、奋斗与奉献,发展和丰富的是革命乐观主义、革命英雄主义和集体主义精神,是党的思想路线和群众路线。所以,井冈山精神、长征精神、延安精神和西柏坡精神等革命精神既与红船精神一脉相承、薪火相传,又结合实际与时俱进、创新发展。中国共产党建立丰功伟绩的历程,也是不断培育形成新的革命精神的历程。党在各个历史阶段形成的革命精神,相互关联、相得益彰、浑然一体,激励着中国共产党和全国各族人民前赴后继、英勇奋斗。红船精神所承载的首创精神、奋斗精神、奉献精神,是激励我们党顽强奋斗、不断发展壮大的精神动力,是我们党立党兴党、执政兴国的宝贵精神财富,也是新时代坚持和发展中国特色社会主义的坚强精神支撑。

Q9 为什么说红船精神昭示着中国共产党人的初心和使命？

A 习近平同志在南湖讲话中指出，事业的发展永无止境，共产党人的初心永远不能改变。唯有不忘初心，方可告慰历史、告慰先辈，方可赢得民心、赢得时代，方可善作善成、一往无前。

中国共产党人的初心和使命，就是为中国人民谋幸福，为中华民族谋复兴。正是这一初心和使命，激励着一代代共产党人同人民一块过、一块苦、一块干，不断战胜风险考验，不断从胜利走向胜利。毛泽东同志在《政治周报》发刊词中指出，“为什么要革命？为了使中华民族得到解放，为了实现人民的统治，为了使人民得到经济的幸福”。1936 年，美国作家埃德加·斯诺来到延安，看到一种令他惊异的生活方式：毛泽东住在十分简陋的窑洞里，周恩来睡的是土炕，彭德怀穿的背心是用缴获的降落伞做的。斯诺断言,这是中国共产党的胜利之本。毛泽东同志在《新民主主义论》中指出,我们共产党人的一切目的,在于建设一个中华民族的新社会和新国家。邓小平同志曾说,党的十一届三中全会以后,我们集中力量搞四个现代化,着眼于振兴中华民族。党的十八大以来,习近平同志在多次讲话中强调,我们党从成立那天起,就肩负着实现中华民族伟大复兴的历史使命。

进入新时代,中国共产党人坚守初心和使命尤为重要。中国这个世界上最大的发展中国家在短短30多年内摆脱贫困并跃升为世界第二大经济体,创造了人类社会发展史上惊天动地的发展奇迹。习近平同志强调指出:“现在,我们比历史上任何时期都更接近中华民族伟大复兴的目标,比历史上任何时期都更有信心、有能力实现这个目标。”①同时,我们也面临着许多严峻复杂的风险和挑战。党的十八大以来,习近平同志清醒认识到党面临的“四大考验”“四种危险”,以“得罪千百人、不负十三亿”的使命担当,正风肃纪反腐,挽狂澜于既倒,赢得了广大党员干部和人民群众竭诚拥护,坚持党的领导的政治共识越来越强,走中国特色社会主义道路的信心决心更

① 中共中央宣传部编:《习近平总书记系列重要讲话读本》,北京:学习出版社、人民出版社2016年版,第7页。

加坚定。越是接近目标，共产党人的初心和使命越不能动摇。

红船精神昭示着中国共产党人的建党初心。红船精神是中国早期马克思主义者在建党实践中形成的伟大革命精神，昭示着中国共产党人的初心。最早酝酿在中国建立共产党组织的是陈独秀和李大钊。1920 年 2 月，李大钊在护送陈独秀离京途中，两人商讨了在中国建立共产党组织的问题。后来，蔡和森与毛泽东通信，讨论建党问题。蔡和森等主张接受马克思列宁主义，组织共产党，走俄国式的革命道路。但是，萧子升等主张“温和的革命”，表示“颇不认俄式——马克斯式——革命为正当，而倾向于无政府——无强权——蒲鲁东式之新式革命”。[①] 8 月，蔡和森写信给毛泽东，提出中国革命特别是要注意组织共产党的主张，并根据中国的现状说明建党的需要。对于蔡和森与萧子升两种不同的意见，12 月 1 日，毛泽东致信蔡和森等，明确表示不同意萧子升等所主张的实行“温和的革命”，以教育为工具的方法；而对于蔡和森提出的用俄国式的方法，组织共产党，实行无产阶级专政的主

① 中国革命博物馆、湖南省博物馆编：《新民学会资料》，北京：人民出版社 1980 年版，第 137 页。

张,“表示深切的赞同”[①],强调建党必须以马克思主义作为理论指导,提出“唯物史观是吾党哲学的根据”。蔡和森与毛泽东关于酝酿建立中国共产党的通信生动表明,中国共产党的成立就是为了在中国实行无产阶级专政,为劳苦大众谋解放,最终实现共产主义。这展示了中国共产党人的建党初心和使命。

红船精神昭示着的这个初心和使命是中国共产党人不断前进的根本动力。中国共产党一经成立,就义无反顾肩负起实现中华民族伟大复兴的历史使命,就把坚持“人民利益高于一切”鲜明地写在自己的旗帜上,把全心全意为人民服务作为根本宗旨。90 多年来,党的初心始终贯穿革命、建设、改革的伟大历程,红船精神成为昭示初心的精神航标,成为新时代坚持和发展中国特色社会主义的坚强精神支撑,不断鞭策我们牢记过去,牢记为什么出发,警示我们初心不改、使命永在。红船精神是历史的,也是时代的。我们要弘扬红船精神,不断赋予红船精神新的时代内涵,使其绽放新的时代光芒。

新时代中国共产党人坚守初心和使命,就要大力弘扬红船精神,坚定理想信念,把红船精神作为我们党带领

① 《毛泽东书信选集》,北京:人民出版社 1983 年版,第 8 页。

人民开创中华民族美好未来、保证中国稳定发展不可替代的精神力量。要把弘扬红船精神同“不忘初心、牢记使命”主题教育结合起来，深入学习把握党的十九大精神，深刻学习领会习近平新时代中国特色社会主义思想的丰富内涵、精神实质、核心要义，更好地用这一当代中国的马克思主义武装头脑、指导实践、推动工作，引导广大党员永葆共产党人本色，积极投身实现中国梦的伟大实践。

Q10 为什么说红船精神是党的先进性之源?

A 伟大的党培育伟大的精神,伟大的精神滋养伟大的党。我们党为什么能够坚持站在历史的高度,走在时代的前列,勇当舵手,引领航向,不断取得革命、建设和改革的一个又一个胜利? 习近平同志指出:"红船正是走在时代前列的象征,'红船精神'就充分体现了走在时代前列的精神,这也就集中体现了党的先进性,是党的先进性之源。"[①]在 90 多年的历史进程中,我们党始终沿着红船的航向,洞悉历史,前瞻未来,始终正确把握前进的方向,永葆党的生机和活力。

我们党之所以能站在时代前列,首先在于她有坚定的理想信念。习近平同志指出,理想信念是共产党人的

① 习近平:《弘扬"红船精神" 走在时代前列》,载《光明日报》2005 年 6 月 21 日。

精神之“钙”，必须加强思想政治建设，解决好世界观、人生观、价值观这个“总开关”问题。人生不能没有理想信念，确立和追求理想信念，是人的精神需要的核心；社会也不能没有理想信念，共产主义理想信念是人类社会发展的精神动力；我们共产党人也不能没有理想信念，它是我们的安身立命之本。在建党初期的革命活动中，早期共产党人之所以不怕牺牲，就是因为他们具有坚定的理想信念。正是这种精神鼓励了无数革命先烈为了中国人民的解放事业，为了实现美好的理想，不惜牺牲自己的生命。改革开放以来，我国经济社会的飞速发展和人民生活水平的日益提高，也离不开理想信念的正确引导和精神支撑。我们不能因为共产主义崇高理想的实现是一个漫长的历史过程，就认为共产主义“渺茫”；也不能超越中国特色社会主义初级阶段，对共产主义作不切实际的幻想。必须从实际出发，把对共产主义远大理想的追求，体现在中国特色社会主义的伟大实践中。只要我们弘扬红船精神，补好精神之“钙”，身体上就不会得“软骨病”，行动上就不会“摇摆不定”，就能够毫不动摇地坚持、与时俱进发展中国特色社会主义，就能够实现中华民族伟大复兴的中国梦，并最终实现共产主义。

我们党之所以能站在时代前列，在于她始终坚持把

马克思主义及其中国化的理论成果作为指导思想。中国共产党在对世界范围内的多种思想理论的反复比较中选择了科学性与革命性相统一的马克思主义,并在成立之始就将其确立为指导思想。此后,中国共产党就用马克思主义的科学世界观和方法论准确把握时代和世界发展的正确方向,将自身的发展和中国的前途命运同世界的前途命运紧密地结合在一起,不断推进马克思主义中国化时代化大众化。以毛泽东同志为代表的中国共产党人紧紧围绕着中国革命和建设这个时代主题,实现了马克思列宁主义同中国实际相结合的第一次历史性飞跃,创立了毛泽东思想。改革开放以来,邓小平同志牢牢把握和平与发展的时代主题,开辟了有中国特色的社会主义道路,实现了马克思主义同中国当代实践和时代特征的有机结合,形成了中国特色社会主义理论体系。党的十八大以来,以习近平同志为核心的党中央紧紧围绕新时代坚持和发展什么样的中国特色社会主义、怎样坚持和发展中国特色社会主义这个重大时代课题,进行艰辛理论探索,取得重大理论创新成果,提出了一系列治国理政新理念新思想新战略,形成了习近平新时代中国特色社会主义思想,开辟了马克思主义中国化的新境界。

我们党之所以能站在时代前列,在于她始终恪守和

践行了全心全意为人民服务的宗旨。中国共产党是中国工人阶级的先锋队，是中国人民和中华民族的先锋队，党除了工人阶级和最广大人民群众的利益没有自己特殊的利益。党的性质和宗旨决定了广大党员干部必须将全心全意为人民服务、诚心诚意为人民谋利益作为最高利益和核心价值。因此，实现好、维护好、发展好最广大人民的根本利益是衡量党的先进性的根本标准。90多年来，我们党历经革命、建设和改革，从领导人民为夺取全国政权而奋斗的党成为领导人民掌握全国政权并长期执政的党。在任何时候、任何情况下，我们党都紧紧依靠人民、为了人民，坚定不移地走群众路线，把为崇高理想奋斗与为广大人民谋利益统一起来。中国特色社会主义进入新时代，坚持和发展中国特色社会主义，要求我们始终牢记党的宗旨，坚持和践行群众路线。只有坚定不移地走群众路线，随时随刻倾听人民群众的呼声、回应人民群众的期待，坚持以保障和改善民生为导向，努力维护好、实现好、发展好人民群众的利益，才能得到人民群众的支持和拥护，最大限度地凝聚全体人民的智慧和力量。

我们党之所以能站在时代前列，在于她在推动历史前进中发挥了重大作用。一个政党有无担当精神，不在于怎么说，而在于怎么做。因此，判断和检验不同历史时期党的先进性,就要结合不同历史阶段的中心任务来考察,归根结底要看党在推动历史前进中的实际作用。90多年来,中国共产党紧紧依靠人民,跨过一道又一道沟坎,取得一个又一个胜利,为中华民族做出了伟大历史贡献,“实现了中国从几千年封建专制政治向人民民主的伟大飞跃……实现了中华民族由不断衰落到根本扭转命运、持续走向繁荣富强的伟大飞跃……实现了中国人民从站起来到富起来、强起来的伟大飞跃”①。事实充分证明,中国共产党的先进性是一代一代中国共产党人同人民一道顽强拼搏、接续奋斗的结果。每个时代有每个时代的历史担当,每个人有每个人的责任担当。当前,中国特色社会主义已经进入新时代,踏上了实现伟大复兴的新征程。打铁必须自身硬,铁肩才能担道义。在新的历史方位上,中国共产党人应该把红船精神作为党的先进性之源,增强执政意识和担当精神,面对大是大非敢于亮剑,面对矛盾敢于迎难而上,面对危机敢于挺身而出,面对失误敢于承担责任,面对歪风邪气敢于坚决斗争,自觉地把对民族的责任、对人民的责任、对党的责任担当统一于实现国家富强、民族振兴、人民幸福和人类发展进步之中。

---

① 习近平:《在庆祝中国共产党成立95周年大会上的讲话》,载《人民日报》2016年7月2日。

Q11 红船精神的时代价值是什么？

A 习近平同志在南湖讲话中强调，要结合时代特点大力弘扬红船精神，让红船精神永放光芒。红船精神是在特殊的历史条件下产生的，对夺取革命胜利起到过积极作用，有着不可替代的重要价值。时至今日，红船精神穿透历史的尘埃，依然具有重要的时代价值。十九大报告鲜明提出，进入新时代，实现伟大梦想，必须进行伟大斗争、建设伟大工程、推进伟大事业。这就明确回答了新时代党和国家全部工作将围绕什么样的主线推进发展。红船精神的时代价值就集中体现在助力当代中国共产党人的神圣使命，为顺利推进“四个伟大”凝聚起强大的精神力量。

红船精神是实现伟大梦想的精神动力。实现中华民族伟大复兴是近代以来中华民族最伟大的梦想。在半封建半殖民地的旧中国，中华民族到了亡国灭种的危险境地。无数仁人志士为挽救民族危亡、实现民族复兴进行了艰辛的探索和英勇的斗争。中国共产党正是在民族危亡的历史风云中孕育而生,而伟大的红船精神也是在这一历史过程中与我们党相伴而生的。在红船精神的指引下,中国共产党自觉肩负起为中国人民谋幸福、为中华民族谋复兴的历史使命,团结带领全国各族人民进行了新民主主义革命、社会主义革命和改革开放新的伟大革命,从根本上改变了中华民族的前途命运,开辟了中华民族伟大复兴的光明前景。

中国特色社会主义进入新时代,我们比历史上任何时期都更接近实现中华民族伟大复兴的目标。但是,我们必须清醒地认识到,实现这一目标,绝不是轻轻松松、敲锣打鼓就能实现的,必须为之付出更加艰巨、更为艰苦的努力。在中华民族救亡图存、走向复兴的实践中孕育形成的红船精神,其初心就是实现民族复兴、人民幸福。这一初心同实现中华民族伟大复兴的中国梦在内容上是完全一致、在精神上是高度契合的。红船精神是连接历史与未来的精神纽带,承载着无数革命先烈的光荣与梦想,必将激励当代中国共产党人和亿万人民,为完成党在新时代的历史使命和实现中华民族伟大复兴中国梦而接续奋斗。

红船精神是进行伟大斗争的思想武器。中国特色社会主义进入新时代，党和人民的事业面临新形势、新挑战，这要求我们必须进行具有许多新的历史特点的伟大斗争，既要有效应对重大挑战、抵御重大风险，又要克服重大阻力、解决重大矛盾，追梦之路注定曲折坎坷，不可能一帆风顺。马克思在《〈黑格尔法哲学批判〉导言》中指出，“批判的武器当然不能代替武器的批判”，但“理论一经群众掌握，就会变成物质力量”。[①] 这告诉我们，思想理论对实践活动具有能动的反作用，是改造客观世界的强大武器。因此，面对新的时代特点和实践要求，我们要大力弘扬红船精神，勇敢拿起首创精神、奋斗精神和奉献精神这三个思想武器，迎难而上，英勇斗争。

用红船精神指引新的伟大斗争，就要大力弘扬首创精神，不断增强创新意识，拿出创新勇气，运用创新方法，创造性地开展工作，准确分析新形势和新任务，有效处理新困难和新问题。用红船精神指引新的伟大斗争，就要大力弘扬奋斗精神，进一步坚定理想信念，保持奋发有为的精神状态，以抓铁有痕、踏石留印的劲头狠抓落实，发扬钉钉子精神，一张蓝图绘到底，久久为功，善作善成。

---

①《马克思恩格斯选集》(第1卷)，北京：人民出版社2012年版，第137页。

用红船精神指引新的伟大斗争，就要大力弘扬奉献精神，坚持以人民为中心的发展思想，最大限度地凝聚民心、集中民智、发挥民力，汇集起不可战胜的磅礴力量，迎接具有新的历史特点的伟大斗争。

红船精神是推进伟大事业的信念力量。伟大事业离不开理想信念的有力支撑，没有牢不可破的理想信念，要取得革命、建设和改革进程中一次又一次胜利是不可想象的。回望来时路，中国特色社会主义事业的演进过程与中国共产党的发展历程密不可分、相互融合、共同成长。作为中国共产党建党精神集中体现的红船精神，它的根本价值追求就是在中国建设社会主义、实现共产主义。也正是在红船精神的激励鼓舞下，中国共产党人不忘初心，牢记使命，永远奋斗，取得了举世瞩目的辉煌成就，使中国发展进入新的历史方位，中国特色社会主义进入新时代。

中国特色社会主义是改革开放以来我们党的全部理论和实践的主题，是党和人民历尽千辛万苦、付出巨大代价取得的根本成就。展望新时代，推进中国特色社会主义伟大事业使命光荣、任务艰巨，需要当代中国共产党人深刻领会红船精神所传递的信仰的感召、信念的力量，深切感受无数革命先烈对共产主义远大理想和社会主义共同理想的执着追求。用红船精神引领事业航向，进一步坚定理想信念，在固本培元上下足功夫，始终保持清醒的政治头脑，既不走封闭僵化的老路，也不走改旗易帜的邪路，义无反顾、坚定执着地把中国特色社会主义伟大事业继续推向前进。

红船精神是建设伟大工程的价值支撑。党的建设新的伟大工程在“四个伟大”中是起决定性作用的。历史已经并将继续证明，没有中国共产党的领导，伟大斗争就会失去主心骨，伟大事业就会迷失正确方向，伟大梦想也必然沦为空想。我们党要始终成为时代先锋、民族脊梁，成为中国特色社会主义事业的坚强领导核心，自身必须始终过硬。红船精神是中国共产党建党精神的集中体现，也是党的建设过程中产生的宝贵精神财富和重要思想成果，用党建成果服务于党建本身，符合党的建设的一般规律。因此，加强党的建设新的伟大工程，需要红船精神提供价值支撑。

红船精神中蕴含着加强党的建设的丰富价值。红船精神包含着首创精神、奋斗精神和奉献精神，为提高党的创造力、凝聚力、战斗力，加强党的思想建设、增强党的宗旨意识提供了思想渊源和价值导向。红船精神是走在前列的精神，这为加强党的先进性和纯洁性建设，不断把党建设成为始终走在时代前列、人民衷心拥护、勇于自我革命、经得起各种风浪考验、朝气蓬勃的马克思主义执政党,提供了思想指引和价值参考。只要我们坚持从红船精神中不断汲取价值营养,就一定能把党建设得更加坚强有力,党的十九大所擘画的美好蓝图就一定能转化为生动的现实。

Q12 为什么说红船精神是加强思想建党的宝贵财富？

A 红船精神是中国共产党在创建时期形成的革命精神，是中国共产党建党精神。红船精神内涵丰富、思想深邃、历久弥新、常学常新，是共产党人薪火相传的革命精神源泉和红色文化基因。红船精神既是历史的，也是现实的。红船精神蕴含着丰富的思想建党价值，是加强思想建党的宝贵财富。

首创精神为思想建党提供理论创新动力。红船精神充分体现了走在时代前列的要求，集中体现了党的先进性。中国共产党自 1921 年成立之日起，就把马克思主义写在自己的旗帜上。从此，中华民族的历史命运、中国人民的历史命运为之一变。历史反复证明，中国革命、建设和改革离不开马克思主义的指导，而科学理论也必须同中国具体实践相结合，才能转化为推动中国经济社会不断发展进步的强大精神动力和物质力量。正是在马克思主义基本原理同中国具体实际相结合的过程中,创立了毛泽东思想、邓小平理论、“三个代表”重要思想、科学发展观和习近平新时代中国特色社会主义思想。这是实现中华民族伟大复兴的根本指导思想。加强思想建党,就要引导广大党员干部认真学习马克思列宁主义、毛泽东思想和中国特色社会主义理论体系,夯实理论功底,提高理论素养,学会用马克思主义的立场、观点和方法观察问题、分析问题和解决问题。

奋斗精神为思想建党提供强大精神支柱。坚定理想、百折不挠的奋斗精神是红船精神的重要组成部分,是中国共产党人经受住任何考验的精神支柱。中国共产党是用马克思主义武装起来的无产阶级先进政党。从诞生起,我们党就以坚定理想、百折不挠的奋斗精神,肩负起推动中国革命、建设和改革事业的历史重担,使中华民族伟大复兴的中国梦有了一个新的历史起点。中国共产党从一个只有 50 多名党员的小党发展到一个有着 8900 多万名党员的大党,靠的是坚定的理想信念和百折不挠的奋斗精神。党在带领人民进行革命的征途上,无论是血雨腥风,还是刀光剑影,争取民族独立、人民解放的奋斗始终不曾停止;党在带领人民进行社会主义建设的进程中，无论多么艰难、多么曲折，探索中国特色社会主义建设道路的脚步始终不曾退却；党在带领人民进行改革开放的道路上，无论遇到多大困难、多少阻力，实现中华民族伟大复兴的美好梦想始终不曾放弃。邓小平同志曾指出：“为什么我们过去能在非常困难的情况下奋斗出来，战胜千难万险使革命胜利呢？就是因为我们有理想，有马克思主义信念，有共产主义信念。”[①]历史与实践反复证明，一个人、一个国家、一个民族，只要具有坚定的理想信念，就会有非常执着的追求、蓬勃向上的激情、无穷无尽的力量，就会无往而不胜。思想建党的核心问题是要解决党员、干部的理想信念问题。无疑，红船精神为思想建党提供强大精神支柱。坚定理想信念，坚守共产党人精神追求，始终是共产党人安身立命的根本。习近平同志强调：“理想信念坚定，骨头就硬，没有理想信念，或理想信念不坚定，精神上就会‘缺钙’，就会得‘软骨病’。”[②]发展下去，“就可能导致政治上变质、经济上贪婪、道德上堕落、生活上腐化”[③]。近年来，一些党员、干部之所以对共

---

①《邓小平文选》（第3卷），北京：人民出版社1993年版，第110页。

② 习近平：《在全国组织工作会议上的讲话》，载《人民日报》2013年6月28日。

③ 中共中央宣传部编：《习近平总书记系列重要讲话读本》，北京：学习出版社、人民出版社2016年版，第106—107页。

产主义心存怀疑,不信马列信鬼神;是非观念淡薄、党性不强;贪污腐化、骄奢淫逸等,归根到底,都是因为信仰迷茫,精神懈怠。当前,加强思想建党,最重要的是教育党员干部坚定对马克思主义的信仰,坚定对共产主义的信念,坚定对中国特色社会主义的道路自信、理论自信、制度自信和文化自信。

奉献精神为思想建党提供正确价值导向。立党为公、忠诚为民的奉献精神是红船精神的本质,是中国共产党同一切剥削阶级政党的根本区别所在。红船精神第一次把中国共产党人价值观建立在忠诚为民基础之上。中国共产党的奋斗史,就是一部全心全意为人民服务的发展史。中国共产党从成立之日起,就把为人民服务作为自己的最高原则,把代表工人阶级和全国各族人民的利益作为党的一切工作的出发点和归宿点,引领全国各族人民团结一心,和衷共济,英勇奋斗,在推进中国革命、建设和改革的进程中,维护好、发展好、实现好最广大人民的根本利益。综观人类社会发展史,我们可以自豪地讲,世界上没有任何一个政党像中国共产党这样,始终把人民群众摆得最高、看得最重,始终与人民群众同甘共苦、鱼水情深,始终为人民群众披肝沥胆、鞠躬尽瘁。红船精神蕴含着我们党全心全意为人民服务的最高价值追求,她能够为思想建党提供正确价值导向。思想建党的根本任务就是加强对党员干部全心全意为人民服务的党性教育,全面贯彻“共产党人的一切言论行动,必须以合乎最广大人民群众的最大利益,为最广大人民群众所拥护为最高标准”[①]的原则。

① 《毛泽东选集》(第3卷),北京:人民出版社1991年版,第1096页。

Q13 红船精神与习近平新时代中国特色社会主义思想是什么关系？

A 红船精神的概括提炼充分展现了习近平同志作为马克思主义政治家的远见卓识和历史担当。红船精神的主要内容在习近平新时代中国特色社会主义思想中有充分体现。

红船精神的概括是习近平新时代中国特色社会主义思想萌发和形成阶段的重要成果。浙江是中国革命红船的起航地，也是习近平新时代中国特色社会主义思想的重要萌发地。在浙江工作期间，是习近平同志治国理政思想的重要形成期。面对浙江改革发展遇到的诸多新问题、新挑战，习近平同志以强烈的历史使命感和政治担当意识，在破解制约浙江发展的关键性问题上进行了一系列探索，形成以“八八战略”为总纲的区域发展战略，全面展示了勇于担当、善谋全局、真抓实干、境界高远的为政风格，为党的十八大之后习近平新时代中国特色社会主义思想的形成奠定了重要基础。习近平同志在浙江期间，正是以对历史、对人民、对党的事业的责任与担当，概括提炼出红船精神。

红船精神是中国革命精神的起点，习近平新时代中国特色社会主义思想是马克思主义中国化的最新成果。习近平新时代中国特色社会主义思想明确坚持和发展中国特色社会主义，总任务是实现社会主义现代化和中华民族伟大复兴，在全面建成小康社会的基础上，分两步走，在21世纪中叶建成富强民主文明和谐美丽的社会主义现代化强国。红船精神所开启和彰显的首创的理念、奋斗的意志、奉献的品质，就是为了使中国摆脱近代以来落后挨打的局面，实现国家独立、中华崛起、民族复兴，实现从站起来到富起来，再到强起来的历史跨越。习近平新时代中国特色社会主义思想明确必须坚持以人民为中心的发展思想，不断促进人的全面发展、全体人民共同富裕。新时代弘扬红船精神，必须突出立党为公、执政为民的宗旨，突出依水行舟、忠诚为民的红线。实现人民对美好生活的向往，始终是红船扬帆起航的定海罗盘。

红船精神是习近平新时代中国特色社会主义思想的重要精神内核。首创精神是红船精神的首要内涵。而担起历史的责任,不断创新创造正是习近平同志一以贯之的思想。在浙江工作期间,习近平同志在《浙江日报》开辟“之江新语”专栏,发表短论 232 篇,署名“哲欣”,寓意正是“浙江创新”。这些短论语言简洁,观点敏锐,形式生动,凝聚着丰富的创新发展的思维。十九大报告中,习近平同志提出要勇于变革、勇于创新,永不僵化、永不停滞,实践没有止境,理论创新也没有止境。我们必须在理论上跟上时代,不断认识规律,不断推进理论创新、实践创新、制度创新、文化创新以及其他各方面创新。

奋斗精神是红船精神的重要内涵。而深刻的忧患意识、坚定的奋斗精神是习近平同志始终如一的精神品质。习近平同志在浙江工作期间,始终具有鲜明的忧患意识,强调面对困难,努力奋斗的重要性。他提出,必须具有探路者直面荆棘的勇气,正视矛盾和问题,不使“癣疥之忧”变成“心腹之患”,不因局部问题影响发展全局,不让绊脚之石阻挡前进步伐。十九大报告中,习近平同志指出,行百里者半九十。中华民族伟大复兴,绝不是轻轻松松、敲锣打鼓就能实现的。全党必须准备付出更为艰巨、更为艰苦的努力。实现伟大梦想,必须进行伟大斗争。

奉献精神是红船精神的核心内涵。而以人民为中心,执政为民,是习近平同志一直强调的中国共产党人的基本政治立场。在浙江工作期间，习近平同志就强调，必须把贯彻立党为公、执政为民的本质要求，作为一切工作的根本出发点和最终落脚点。党的十九大确立了习近平新时代中国特色社会主义思想的指导地位，强调坚持人民主体地位，坚持立党为公、执政为民，践行全心全意为人民服务的根本宗旨，把党的群众路线贯彻到治国理政全部活动之中，把人民对美好生活的向往作为奋斗目标，依靠人民创造历史伟业。

红船精神是习近平新时代中国特色社会主义思想中文化自信的重要内容和突出体现。没有高度的文化自信，没有文化的繁荣兴盛，就没有中华民族伟大复兴。红船精神的概括提炼，充分体现了习近平同志对精神文化作用的深刻认识。他指出，先进文化在启迪人民始终保持奋发有为、昂扬向上的精神状态，促进全社会形成共同的理想和精神支柱，激励全民族万众一心、不懈奋斗等方面，有着强大的号召力、吸引力和凝聚力。坚持先进文化的前进方向，关系到社会主义精神文明的全面建设，关系到中国特色社会主义文化的发展和繁荣，也关系到改革开放和现代化建设事业的前途和命运。

红船精神是中国共产党革命精神文化的重要构成。党的十八大以后，习近平同志突出强调实现中国梦必须弘扬中国精神，高度重视文化自信问题，强调党对意识形态的领导作用和主导地位。红船精神的概括和宣传是这些主张的先期实践。十九大报告指出，文化自信是一个国家、一个民族发展中更基本、更深沉、更持久的力量。中国特色社会主义文化，根源于中华民族5000多年文明历史所孕育的中华优秀传统文化，熔铸于党领导人民在革命、建设、改革中创造的革命文化和社会主义先进文化，植根于中国特色社会主义伟大实践。要推动中华优秀传统文化创造性转化、创新性发展，继承革命文化，发展社会主义先进文化，不忘本来、吸收外来、面向未来，更好构筑中国精神、中国价值、中国力量，为人民提供精神指引。

Q14 红船精神与科学社会主义是什么关系？

A 红船精神集中体现了中国共产党的建党精神，从建党伊始，中国共产党就明确宣称以马克思主义为指导思想。科学社会主义理论是马克思主义的基本组成部分，以十月革命为标志的社会主义运动直接催生了中国共产党的诞生。红船精神与科学社会主义的理论和实践有着千丝万缕的联系。红船精神是科学社会主义在中国的实践中形成的，红船精神又推动着科学社会主义在中国的新实践。

红船精神体现了科学社会主义的理论逻辑。中国共产党以马克思主义为指导思想，推动马克思主义中国化的过程，就是科学社会主义在中国的发展过程。中国共产党指导思想和理论上的先进性，是中国共产党与其他非无产阶级政党的本质区别。中国共产党从它诞生之日起即力求将反帝反封建的资产阶级革命性质的旧民主主义革命任务整合到无产阶级革命任务之中，整合到无产阶级革命斗争中来，力求将资产阶级性质的旧民主主义革命提升到由无产阶级领导的新民主主义革命的高度，将无产阶级的解放与整个民族的解放、一切被压迫阶级的解放有机地统一起来。以中国共产党诞生为载体的红船精神，不仅昭示着马克思主义政党的阶级属性、历史使命学说在中国的具体运用和贯彻，更昭示着中国共产党人对马克思主义关于党的阶级属性、历史使命学说、科学社会主义理论的创造性发展。此后的革命道路历经曲折，中国共产党始终坚定地执行了马克思主义的科学社会主义信念，按照科学社会主义的指引，继承和弘扬以“首创、奋斗、奉献”为核心内容的红船精神，在革命实践中发展科学社会主义理论，在中国找到了社会革命的目标和基础，形成毛泽东思想这样的科学理论，取得了中国革命的胜利。

红船精神体现了科学社会主义的实践逻辑。红船精神是中国革命的精神之源，之后的革命精神与其既各自独立，又一脉相承，共同构成了中国革命精神，共同服务于中华民族伟大复兴的神圣使命，也共同体现了马克思主义的科学社会主义实践逻辑。作为中国革命精神之源的红船精神所倡导的“首创、奋斗、奉献”精神，一直贯穿于整个土地革命、抗日战争和解放战争时期。大革命时期，面对中心城市革命受挫和革命处于低潮的形势，以毛泽东同志为代表的中国共产党人凭着“开天辟地、敢为人先的首创精神”开辟了一条“农村包围城市、武装夺取政权”的新的革命道路。实践证明，这是一条真正的中国革命之路。第二次国内革命战争时期，在第五次反“围剿”失败而不得不进行战略转移的极度恶劣环境下，中国共产党及其领导的革命军队凭着“坚定理想、百折不挠的奋斗精神”完成了伟大的长征壮举，开启了中国革命的新局面。解放战争初期，中国共产党面临的形势也极为严峻，但凭着“立党为公、忠诚为民的奉献精神”赢得了人民的拥戴。历史证明，没有红船精神的引领，没有人民群众的支持，中国革命就不可能取得成功。红船精神体现出来的科学社会主义的实践逻辑，此后历经社会主义建设和改革开放的历史时期，促使我们党团结带领全国各族人民不懈奋斗，推动我国经济实力、科技实力、国防实力、综合国力进入世界前列，推动我国国际地位实现前所未有的提升，党的面貌、国家的面貌、人民的面貌、军队的面貌、中华民族的面貌发生了前所未有的变化，中华民族以崭新姿态屹立于世界的东方。

红船精神在中国特色社会主义新时代具有重要价值。十九大报告指出,中国特色社会主义进入新时代,意味着科学社会主义在21世纪的中国焕发出强大生机活力,在世界上高高举起了中国特色社会主义伟大旗帜;意味着中国特色社会主义道路、理论、制度、文化不断发展,拓展了发展中国家走向现代化的途径,给世界上那些既希望加快发展又希望保持自身独立性的国家和民族提供了全新选择,为解决人类问题贡献了中国智慧和中国方案。毫无疑问,中国特色社会主义进入新时代的判断,是科学社会主义的重大发展。

红船精神贯穿于中国革命、建设和改革的历程,激励和鼓舞着一代又一代中国共产党人发展科学社会主义理论,推动科学社会主义实践。中国特色社会主义进入新时代,红船精神仍具有重要价值。弘扬红船精神,赋予其时代内涵,是广大党员干部的光荣使命和神圣职责。弘扬红船精神,必须明确中国共产党的领导是中国特色社会主义最本质的特征,中国特色社会主义制度的最大优势是中国共产党领导,党是最高政治领导力量,突出政治建设在党的建设中的重要地位。弘扬红船精神,必须与各种非马克思主义思想划清界限。全党要更加自觉地增强道路自信、理论自信、制度自信、文化自信,保持政治定力，坚持实干兴邦，始终坚持和发展中国特色社会主义。弘扬红船精神，必须明确科学社会主义的目的是为了人的发展、人的解放、人的美好生活。必须坚持以人民为中心的发展思想，不断促进人的全面发展、全体人民共同富裕。只要我们党把自身建设好、建设强，确保党始终同人民想在一起、干在一起，就一定能够引领承载着中国人民伟大梦想的航船破浪前进，胜利驶向光辉的彼岸！

Q15 红船精神与中国共产党人价值观是什么关系？

A 习近平同志在十八届中央纪委七次全会上明确提出，“要坚持共产党人价值观，不断坚定和提高政治觉悟”。中共中央办公厅在 2017 年 3 月印发的《关于推进“两学一做”学习教育常态化制度化的意见》中明确要求，“大力弘扬忠诚老实、光明坦荡、公道正派、实事求是、艰苦奋斗、清正廉洁等共产党人价值观”。红船精神与共产党人价值观精神文化相通，立场价值一致。

红船精神奠定了中国共产党人价值观的理想信念基石。我们党自诞生之日起，就以信仰马克思主义、创造一个新的社会为己任。中国共产党明确宣布以马克思列宁主义为行动指南，“彻底断绝与资产阶级的黄色知识分子及与其类似的其他党派的任何联系”，中国共产党把马克思主义的普遍原理与中国的具体实际相结合，使中国革命的面貌为之一新。以红船精神为开端，中国共产党人找到了马克思主义旗帜、共产主义理想，历经艰难，百折不回。习近平同志深刻指出，中国共产党之所以叫共产党，就是因为从成立之日起我们党就把共产主义确立为远大理想。我们党之所以能够经受一次次挫折而又一次次奋起，归根到底是因为我们党有远大理想和崇高追求。"砍头不要紧，只要主义真""敌人只能砍下我们的头颅，决不能动摇我们的信仰"，这些视死如归、大义凛然的誓言生动表达了共产党人对远大理想的坚贞，是共产党人价值观的坚固基石。

习近平同志指出："坚定理想信念，坚守共产党人精神追求，始终是共产党人安身立命的根本。对马克思主义的信仰，对社会主义和共产主义的信念，是共产党人的政治灵魂，是共产党人经受住任何考验的精神支柱。形象地说，理想信念就是共产党人精神上的'钙'，没有理想信念，理想信念不坚定，精神上就会'缺钙'，就会得'软骨病'。现实生活中，一些党员、干部出这样那样的问题，说到底是信仰迷茫、精神迷失。"[1]十九大报告指出，共产主义远大理想和中国特色社会主义共同理想，是中国共产

① 习近平：《习近平谈治国理政》，北京：外文出版社 2014 年版，第 15 页。

党人的精神支柱和政治灵魂,也是保持党的团结统一的思想基础。要把坚定理想信念作为党的思想建设的首要任务,教育引导全党牢记党的宗旨,挺起共产党人的精神脊梁,解决好世界观、人生观、价值观这个“总开关”问题,自觉做共产主义远大理想和中国特色社会主义共同理想的坚定信仰者和忠实实践者。

红船精神体现了中国共产党人价值观的核心内涵。中国共产党人价值观反映中国共产党的性质和宗旨,在革命、建设和改革的长期实践中,中国共产党人深刻地认识自身的性质与使命,以马克思主义为指导思想和行动指南,以全心全意为人民服务为价值准则,以实现社会主义和共产主义的崇高理想信念为价值追求,形成了忠诚老实、光明坦荡、公道正派、实事求是、艰苦奋斗、清正廉洁等基本价值规范。

红船精神鲜明体现着对马克思主义的坚定信仰,对党的忠诚。忠诚是红船扬帆以来,无数共产党人用信仰和理想、生命和鲜血淬炼的核心价值,成为共产党人的红色基因。对党忠诚、永不叛党,是党章对党员的基本要求。在革命、建设、改革的各个历史时期,中国共产党都始终强调要忠于党、忠于人民。党的十九大要求全党要坚定执行党的政治路线,严格遵守政治纪律和政治规矩,在政治立场、政治方向、政治原则、政治道路上同党中央保持高度一致。这是新时代对党忠诚的突出要求。

红船精神鲜明体现着实事求是、艰苦奋斗的作风。红船的航路并不平坦，时时有急流险滩。这就要求共产党人实事求是探求新路，艰苦奋斗应对困难。求实作风体现在价值观和方法论上，就是坚持一切从实际出发，理论联系实际，按照客观规律办事；体现在政治伦理准则上，就是求真务实、崇尚实干，恪守“空谈误国、实干兴邦”理念，坚守“三严三实”准则，从严上要求、在实处着力，注重谋事要实、创业要实、做人要实，做老实人、说老实话、干老实事。

红船精神鲜明体现着一心为公、为民服务的宗旨。中国共产党由红船起航开始，“这个队伍完全是为着解放人民的，是彻底地为人民的利益工作的”。90多年来，共产党人秉持这样的信念与情怀，把人民的幸福始终放在心中。“人民对美好生活的向往，就是我们的奋斗目标”，习近平同志要求共产党人要“以人民忧乐为忧乐、以人民甘苦为甘苦，牢固树立以人民为中心的发展思想，始终怀着强烈的忧民、爱民、为民、惠民之心，察民情、接地气”。

弘扬共产党人价值观要抓好党内政治文化建设。共产党人价值观中的忠诚老实、光明坦荡、公道正派、实事求是、艰苦奋斗、清正廉洁等价值规范，在现实政治生活中，与党的政治文化互为表里。党内政治文化健康向上，共产党人价值观就高扬，反之，共产党人价值观就不彰。

习近平同志强调："要注重加强党内政治文化建设，倡导和弘扬忠诚老实、光明坦荡、公道正派、实事求是、艰苦奋斗、清正廉洁等价值观，旗帜鲜明抵制和反对关系学、厚黑学、官场术、'潜规则'等庸俗腐朽的政治文化，不断培厚良好政治生态的土壤。"[①] 十九大报告指出，要发展积极健康的党内政治文化，全面净化党内政治生态。要弘扬忠诚老实、公道正派、实事求是、清正廉洁等价值观，坚决防止和反对个人主义、分散主义、自由主义、本位主义、好人主义，坚决防止和反对宗派主义、圈子文化、码头文化，坚决反对搞两面派、做两面人。全党同志特别是高级干部要加强党性锻炼，不断提高政治觉悟和政治能力，把对党忠诚、为党分忧、为党尽职、为民造福作为根本政治担当，永葆共产党人政治本色。弘扬红船精神、弘扬共产党人价值观，突出的任务就是营造健康向上的党内政治文化。

---

① 习近平:《习近平谈治国理政(第二卷)》，北京:外文出版社 2017 年版，第 181 页。

Q16 红船精神与社会主义核心价值观是什么关系？

A 红船精神根源于马克思主义的价值观，体现了中国共产党在成立之初的基本价值取向。社会主义核心价值观是对社会主义核心价值体系的高度凝练和集中表达，反映社会主义核心价值体系的丰富内涵和实践要求。红船精神和社会主义核心价值观是密切联系的。一方面，红船精神和社会主义核心价值观都是社会主义意识形态的重要组成部分，共同为中国特色社会主义服务；另一方面，红船精神作为社会主义核心价值观形成的重要精神渊源，增强了社会主义核心价值观的具体感、认同力和实践性，是推进社会主义核心价值观深入人心的有效载体。

红船精神与社会主义核心价值观具有共同的理论渊源。在指导思想上，红船精神与社会主义核心价值观都以马克思主义为指导。中国共产党是马克思主义同中国工人运动相结合的产物,马克思主义是中国共产党的指导思想。而红船精神是中国共产党创建过程中形成的一种革命精神,集中体现了中国共产党的建党精神,它的产生和形成天然地受到马克思主义的理论滋养。因此,马克思主义也是红船精神形成的指导思想。同样,社会主义核心价值观是中国特色社会主义理论体系的重要内容,它的概括和凝练本身就是马克思主义在意识形态领域运用的结果,是马克思主义中国化的重要成果。因此,马克思主义不容置疑是社会主义核心价值观的指导思想。

当前,面对世界范围内思想文化交流、交融、交锋的新态势,面对发展社会主义市场经济条件下思想意识多元、多样、多变的新特点,巩固马克思主义在意识形态领域的指导地位、巩固全党全国人民团结奋斗的共同思想基础,使命光荣,责任重大。在这种情况下,我们应大力弘扬红船精神,培育和践行社会主义核心价值观,并同马克思主义理论教育有机结合起来,让广大人民群众从伟大精神、核心价值中感悟马克思主义的先进性、真理性、科学性,感受理论的魅力、道德的力量。

红船精神与社会主义核心价值观具有共同的价值追

求。在价值追求上，红船精神与社会主义核心价值观都以为中国人民谋幸福、为中华民族谋复兴为根本价值导向。中国共产党的初心和使命就是为中国人民谋幸福，为中华民族谋复兴。这一初心和使命理所应当地成为建党精神的集中体现——红船精神的价值追求。而社会主义核心价值观的基本内涵完全可以在红船精神中找到元素和参照，培育和践行社会主义核心价值观，其目的就是为实现人民幸福和民族复兴提供强大力量，这与红船精神的奋斗目标是高度契合的。

今天，我们比历史上任何时期都更接近实现中华民族伟大复兴的目标，人民对物质文化生活也提出了更高要求，对美好生活的需要日益广泛。在这重要的历史时刻，越是接近伟大梦想，越是要咬定目标不放松，强化目标意识不动摇，抓实目标不松劲，防止出现因为偏离方向、忘记初心而导致的灾难性后果。这要求我们大力弘扬红船精神，培育和践行社会主义核心价值观，最大限度地凝聚全体人民的思想共识、价值共识和行为共识，为实现中华民族伟大复兴的中国梦奠定重要思想基础。

红船精神与社会主义核心价值观具有共同的实践品格。在理论品格上，红船精神与社会主义核心价值观都具有鲜明的实践性。马克思主义认为,“政治、法、哲学、宗教、文学、艺术等等的发展是以经济发展为基础的。但是,它们又都互相作用并对经济基础发生作用”①。红船精神与社会主义核心价值观本质上是属于观念上层建筑的范畴,是一种革命的意识形态,反映了共产党人和人民群众改造客观世界、推动社会变革的强烈实践要求。一方面,两者都是从深厚的社会实践中孕育形成,是对当时历史环境的能动反映和实践经验的总结升华;另一方面,红船精神和社会主义核心价值观并不满足于对实践活动的总结提炼,而是要求对经济基础有能动的反作用,要求推动社会实践向前发展。

建设中国特色社会主义是当代中国最伟大的实践,红船精神与社会主义核心价值观的实践品格突出地表现在推动中国特色社会主义伟大事业。经过长期努力,中国特色社会主义进入了新时代,这是我国发展新的历史方位。我国社会主要矛盾已经转化为人民日益增长的美好生活需要和不平衡不充分的发展之间的矛盾。进入新时代、明确新目标、迈上新征程,我们要更加重视精神力量对实践活动的引领和推动作用,特别是要结合时代特

① 《马克思恩格斯选集》(第4卷),北京:人民出版社1995年版,第732页。

点，大力弘扬红船精神，培育和践行社会主义核心价值观，使之不断转化为推动中国特色社会主义伟大事业的强大物质力量。

Q17 如何结合时代特点大力弘扬红船精神？

A 习近平同志在南湖讲话中提出了结合时代特点大力弘扬红船精神的要求。中国特色社会主义进入新时代，弘扬红船精神，要与党的初心使命相联系，要与党的创新和奋斗相联系，要与党要管党、全面从严治党相联系。

弘扬红船精神，要始终不忘初心，牢记使命。不忘初心，方得始终。中国共产党人的初心和使命，就是为中国人民谋幸福，为中华民族谋复兴。这个初心和使命是激励中国共产党人不断前进的根本动力。党的十九大要求，全党同志一定要永远与人民同呼吸、共命运、心连心，永远把人民对美好生活的向往作为奋斗目标，以永不懈怠的精神状态和一往无前的奋斗姿态，继续朝着实现中华民族伟大复兴的宏伟目标奋勇前进。

共产党人的初心使命自红船建党那一刻起伴随共产党人的征程一路前行。中国共产党把社会革命与实现人民利益紧紧相连，复兴扬帆，行舟为民。七届二中全会上，毛泽东同志向全党提出“两个务必”的要求，就是要求全党保持初心，永远与人民群众站在一起。习近平同志在庆祝建党 95 周年大会上要求全党要永远保持建党时中国共产党人的奋斗精神，永远保持对人民的赤子之心。一切向前走，都不能忘记走过的路；走得再远，走到再光辉的未来，也不能忘记走过的过去，不能忘记为什么出发。中国特色社会主义进入新时代，社会主要矛盾发生新变化，要开启社会主义现代化建设新征程。但红船起航时，罗盘镌刻的初心不变，使命永恒，只要中国共产党始终同人民想在一起、干在一起，中华民族伟大复兴的中国梦一定能实现，人民对美好生活的向往一定能实现。

弘扬红船精神，要坚持创新实干，永远奋斗。每一代人有每一代人的长征路，历史只会眷顾坚定者、奋进者、搏击者，而不会等待犹豫者、懈怠者、畏难者。党的十八大以来，以习近平同志为核心的党中央站在时代潮头，担负民族复兴使命，取得了历史性成就，实现了历史性变革。党的十九大吹响了决胜全面建成小康社会，奋力夺取新时代中国特色社会主义伟大胜利的号角。要求全党一定要保持艰苦奋斗、戒骄戒躁的作风，以时不我待、只争朝夕的精神，奋力走好新时代的长征路。

探索创新和实干奋斗是紧密相连的。没有创新和实干，中国的革命历史就不可能翻开新的篇章，我们党也不可能从一个50多人的政党经过28年的砥砺奋斗，创造一个新中国；没有创新和实干，中国共产党不会在历史浩劫之后开启改革开放新的伟大征程，迎来中华民族伟大复兴的光明前景。创新和实干，让一条小船驶过急流险滩，终成万帆竞渡；创新和实干，让一条小船成为通江入海的巨轮。进入新时代，我们仍然要面对具有许多新的历史特点的伟大斗争。这就要求中国共产党人要进一步保持解放思想、与时俱进、敢为天下先的精神，敢于担当、勇于负责，求真务实、苦干实干，坚忍不拔、锲而不舍，奋力谱写社会主义现代化新征程的壮丽篇章。

弘扬红船精神，要全面从严治党，永葆先进。我们党要始终成为时代先锋、民族脊梁，始终成为马克思主义执政党，自身必须始终过硬。党要团结带领人民进行伟大斗争、推进伟大事业、实现伟大梦想，必须毫不动摇坚持和完善党的领导，毫不动摇把党建设得更加坚强有力。要把党建设成为始终走在时代前列、人民衷心拥护、勇于自我革命、经得起各种风浪考验、朝气蓬勃的马克思主义执政党。

党的先进性需要纯洁性作为保障，坚持从严治党，才能永葆先进。邓小平同志在改革开放后一再警告全党，不能手软，腐败的事情，我们下不了手，就会失去人心。要聚精会神地抓党的建设，这个党该抓了，不抓不行了。习近平同志指出，新形势下，我们党面临着许多严峻挑战，党内存在着许多亟待解决的问题。尤其是一些党员干部中发生的贪污腐败、脱离群众、形式主义、官僚主义等问题，必须下大气力解决。全党必须警醒起来。要把新时代坚持和发展中国特色社会主义这场伟大社会革命进行好，我们党必须勇于进行自我革命，把党建设得更加坚强有力。

Q18 如何用红船精神领航中国梦？

A 中国特色社会主义进入新时代，在新的历史起点上，中国这艘“梦之巨轮”，正不断劈波斩浪，高歌向前。要使民族复兴的巨轮行稳致远，驶向辉煌，就需要崇高的精神掌舵领航，举旗定向。红船精神作为中国精神的重要内容，党的精神财富的重要组成部分，是中国梦承载历史、连接未来的重要桥梁，必将为领航中国梦指明道路方向、提供精神动力和凝聚磅礴力量。

红船精神为领航中国梦指明道路方向。红船精神为领航中国梦指明了道路，这个道路就是中国道路，具体来说，就是中国特色社会主义道路。这条道路来之不易，它是在改革开放 40 年的伟大实践中走出来的，是在中华人民共和国成立近 70 年的持续探索中走出来的，是在对近代以来 170 多年中华民族发展历程的深刻总结中走出来的，是在对中华民族 5000 多年悠久文明的传承中走出来的，具有深厚的历史渊源和广泛的现实基础。实践充分证明，只有社会主义才能救中国，只有中国特色社会主义才能发展中国、繁荣中国、振兴中国。

红船精神一个重要的思想价值，就是成功找到了一条通向民族复兴的道路，那就是在中国共产党领导下，坚定不移走社会主义道路。回顾中国近现代史，可以发现，那时先进的中国人面对民族危亡，苦苦探寻救国救民的道路而接连失败，徘徊迷茫。回顾中国共产党近百年的成长历程，可以发现，中国共产党人在红船精神的照耀下，成功找到了一条通过社会主义实现民族复兴的正确道路，沿着这条道路，我们坚定信念，排除一切干扰，取得了一个又一个胜利，向着中华民族伟大复兴的目标奋勇前进。

红船精神为领航中国梦提供精神动力。红船精神为领航中国梦提供了精神动力，这个精神就是中国精神，具体来说，就是以爱国主义为核心的民族精神和以改革创新为核心的时代精神。爱国主义始终是把中华民族坚强团结在一起的精神力量，改革创新始终是鞭策我们在改革开放中与时俱进的精神力量。红船精神内在地包含着民族精神和时代精神，是中国精神的重要组成部分，是中国共产党人价值观之源，必将为中华民族伟大复兴的中国梦提供强大精神动力。

今天,中华民族正大踏步地走在伟大复兴的新征程上。放眼中外历史,每一个前进的时代,必定有昂扬向上的精神与之伴随。从这个意义上看,红船精神通过民族精神和时代精神所展现出来的强大精神动力,保障了全党不断创新和完善中国特色社会主义道路、理论、制度和文化,让凝心聚力的兴国之魂、强国之魂融入现代化建设的全过程,谱写伟大复兴的精彩乐章,使中华民族更加朝气蓬勃地迈向未来,更加自信、更加昂扬地屹立于世界民族之林。

红船精神为领航中国梦凝聚磅礴力量。红船精神为领航中国梦提供了磅礴力量,这个力量就是中国力量,具体来说,就是中国各族人民大团结的力量。中国梦是民族的梦,也是每个中国人的梦。只要我们紧密团结,万众一心,为实现共同梦想而奋斗,实现梦想的力量就无比强大,我们每个人都会享有人生出彩的机会。只要心往一处想,劲往一处使,共同托起中国梦,那么,13 亿人的智慧和力量必将汇集起不可战胜的磅礴力量。

在南湖红船上,中共一大通过的《中国共产党纲领》明确指出:“我们党承认苏维埃管理制度,要把工人、农民和士兵组织起来,并以社会革命为自己政策的主要目的。”这充分体现了党从创建伊始就高度重视组织广大人民群众、团结广大人民群众。新时期，亿万中国人组成了一个“命运共同体”，每个人的前途命运都与国家民族的前途命运紧密相连，因此，实现中国梦必须弘扬红船精神，把每个人五彩缤纷的梦想汇聚为一个共同的追求，使国家梦、民族梦和个人梦融合一体，凝心聚力推进中华民族伟大复兴。

Q19 如何用红船精神推动全面从严治党？

A 我们党在革命、建设和改革各个时期，都重视坚持从严治党。党的十八大以来，习近平同志反复强调党要管党、从严治党，“打铁还须自身硬”，体现了我们党适应时代发展要求、保持先进性纯洁性的高度自觉。红船精神是早期中国共产党人在建党过程以及在建党初期从事革命活动中所表现出来的精神实质的总概括，她是“中国革命精神之源”，是“党的先进性之源”，[1]为全面从严治党、贯彻落实党的十九大提出的党的建设的总要求，提供了重要的思想资源。

弘扬开天辟地、敢为人先的首创精神，创新体制机制，以制度建设为重点推进全面从严治党。中国共产党的成立是开天辟地的大事变，是首创精神的集中体现。

---

① 习近平：《弘扬“红船精神” 走在时代前列》，载《光明日报》2005年6月21日。

开天辟地、敢为人先的首创精神对后来我党的创新建设提供了榜样示范，为以后我党创造性地开展革命斗争、社会建设、改革开放提供了宝贵的经验。当前，我们正处在中国特色社会主义的新时代。坚持党的领导是中国特色社会主义制度的最本质特征，不论是全面建成小康社会的关键决胜期，还是实现“两个一百年”战略目标的奋斗期，都对从严治党提出了新要求。需要我们把首创精神贯彻到党的建设各个环节，搞好顶层设计，不断推进理论创新和制度创新。

制度建设是党的根本性建设。加强党的建设，就要依靠完善的制度提升执政能力，巩固执政地位，永葆党的先进性和纯洁性。重视制度建设，善于从制度上进行政党治理是中国共产党的优良传统。改革开放初期，邓小平同志在深刻总结历史经验的基础上，阐述了制度建设的重要意义。他指出，制度问题是根本性、全局性、稳定性和长期性的问题。党的领导制度和组织制度关系到党和国家的长治久安，必须高度重视。党的十八大以来，以习近平同志为核心的党中央始终强调要把制度建设作为重中之重来抓，要“用制度管权管事管人”。习近平同志在《认真学习党章　严格遵守党章》的重要讲话中指出，党章是制度建设的根本，因为“党章是党的总章程，集中体现了党的性质和宗旨、党的理论和路线方针政策、党的重要主张,规定了党的重要制度和体制机制,是全党必须共同遵守的根本行为规范”[①]。十九大报告更是把制度建设作为引线贯穿于党的建设全过程,通过加强制度建设来形成不敢腐的惩戒机制、不能腐的防范机制、不易腐的保障机制。

弘扬坚定理想、百折不挠的奋斗精神,补好精神之钙,以思想建设为根本推进全面从严治党。红船所代表和昭示的是奋进明灯。没有崇高的信仰,道路就会失去方向,终难走出光明的天地。习近平同志指出:“党的‘一大’会议在白色恐怖中召开,由上海转至嘉兴,在南湖红船上完成缔造中国共产党的使命,靠的是坚定的理想信念和百折不挠的革命精神。”[②]正是这种精神鼓励了无数革命先烈为了中国人民的解放事业,为了实现美好的理想,不惜牺牲自己的生命。早在 1927 年,毛泽东同志在领导党和红军进行土地革命战争的过程中,创造性地提出了从思想上建党的重要理论和根本原则,并在 1929 年的古田会议上专门就“党内教育问题”作出决议,为夺取

① 习近平:《认真学习党章　严格遵守党章》,载《人民日报》2012 年 11 月 20 日。

② 习近平:《弘扬“红船精神”　走在时代前列》,载《光明日报》2005 年 6 月 21 日。

新民主主义革命的胜利奠定了思想理论基础。90多年来,我们党始终把思想建设作为根本,坚持以马克思主义及其中国化理论成果武装全党,使之成为全党和全国人民团结奋斗的共同思想基础。党的十八大以来,习近平同志反复强调,要补好精神之钙,解决好"总开关"的问题。他指出,只有通过对马克思主义的学习才能牢固树立坚定的信念信仰,革命理想高于天,没有远大理想,不是合格的共产党员;离开现实工作而空谈远大理想,也不是合格的共产党员。理想信念的决定有赖于理论上的清醒,也有赖于实际斗争的磨炼。我们应该清醒地认识到,事物的发展不是一帆风顺的,是前进性与曲折性的统一,共产主义的实现不是一蹴而就的,要经历长期的历史阶段,还会遇到很多困难。党的十八大以来,为了使党的思想建设取得预期成效,党中央还把加强党的思想建设与党的其他方面的建设紧密结合起来。在组织建设上,习近平同志强调,好干部的首要标准就是看理想信念是否坚定。在作风建设方面,习近平同志指出,"四风"之所以盛行的根本原因,还是理想信念不坚定。在反腐倡廉建设方面,习近平同志强调,道德高尚是清正廉洁的基础。在十九大报告中,习近平同志特别强调要把政治建设摆在首位,首先就要旗帜鲜明讲政治。政治建设就要求广大党员干部要有马克思主义理论上的自觉和在大是大非面前的坚定理想信念。

弘扬立党为公、忠诚为民的奉献精神,牢记党的宗旨,以作风建设为抓手推进全面从严治党。中国共产党是工人阶级的先锋队,也是中国人民和中华民族的先锋队。中国共产党是以马克思主义为指导思想的政党。马克思主义创始人在《共产党人宣言》中就明确指出:“共产党人不是同其他工人政党相对立的特殊政党。他们没有任何同整个无产阶级的利益不同的利益。”[①]党的一大纲领提出“把工农劳动者和士兵组织起来”,“由劳动阶级重建国家”,这些表明中国共产党是代表最广大人民群众利益的政党。中国共产党的成立不是为了自己的私利,而是立党为公、忠诚为民,为了维护无产阶级的利益、劳苦大众的解放、中华民族的伟大复兴而成立的。党的性质和宗旨决定了广大党员干部必须弘扬“立党为公、忠诚为民”的奉献精神,将全心全意为人民服务、诚心诚意为人民谋利益作为最高利益和核心价值。

我们党在长期的革命、建设和改革过程中,形成了理论联系实际、密切联系群众、批评和自我批评以及谦虚谨

---

①《马克思恩格斯选集》(第 1 卷),北京:人民出版社 1995 年版,第 285 页。

慎、不骄不躁、艰苦奋斗等一系列优良作风。习近平同志指出:“工作作风上的问题绝对不是小事,如果不坚决纠正不良作风,任其发展下去,就会像一座无形的墙把我们党和人民群众隔开,我们党就会失去根基、失去血脉、失去力量。”[①]90多年的实践证明,密切联系群众是我们党的最大政治优势,脱离群众是我们党执政后的最大危险。作风建设的所有方面都同党是否密切联系群众紧密相关。加强和改进党的作风,从根本上说,就是要解决好党和群众关系中存在的问题,更好地坚持群众观点,贯彻党的群众路线,保持党同人民群众的血肉联系,着力解决人民群众反映强烈的突出问题,提高做好新时代群众工作的能力。由于作风问题具有反复性和顽固性,所以必须坚持抓、长期抓。作风建设没有休止符,作风建设永远在路上。

---

① 习近平:《习近平谈治国理政》,北京:外文出版社2014年版,第387页。

Q20 如何用红船精神推进新时代中国特色社会主义在浙江的实践？

A 浙江作为中国革命红船的起航地、改革开放的先行地、习近平新时代中国特色社会主义思想的重要萌发地，当好学习弘扬红船精神的排头兵责无旁贷。进入新时代，浙江将坚决按照习近平同志提出的“在提高全面建成小康社会水平上更进一步，在推进改革开放和社会主义现代化建设中更快一步，继续发挥先行和示范作用”总要求，用红船精神推进新时代中国特色社会主义在浙江的实践，努力干在实处、走在前列、勇立潮头，高水平谱写实现“两个一百年”奋斗目标的浙江篇章。

弘扬红船精神，就要做深学笃用习近平新时代中国特色社会主义思想的排头兵。红船精神是中国共产党建党精神的集中体现，充分表明中国共产党是马克思列宁主义同中国工人运动相结合的产物。回顾党的奋斗历程可以发现，我们党从红船起航，从小到大、从弱到强，始终立于不败之地，很重要的一条就是我们党始终重视思想建党、理论强党，坚持用科学理论武装广大党员、干部的头脑，使全党始终保持统一的思想、坚定的意志、强大的战斗力。习近平新时代中国特色社会主义思想是以习近平同志为代表的当代中国共产党人，将马克思主义基本原理同新的时代条件和实践要求相结合，进行艰辛理论探索，取得的重大理论创新成果，是当代中国的马克思主义，是实现中华民族伟大复兴的行动指南。因此，浙江必须大力弘扬红船精神，发扬我们党高度重视思想建党、理论强党的优良传统，坚定不移地用习近平新时代中国特色社会主义思想武装头脑，奋力推进新时代中国特色社会主义在浙江的生动实践。

深学笃用习近平新时代中国特色社会主义思想，必须在学习上有更高的标准、下更大的功夫。要带着政治责任学、带着理想信念学、带着深厚感情学、带着现实问题学、带着严实作风学，在深刻把握习近平新时代中国特色社会主义思想的强大真理力量和独特思想魅力上下更大功夫，系统掌握这一思想蕴含的立场、观点、方法，做到不仅知其然，而且知其所以然；要在深入探究习近平新时代中国特色社会主义思想在浙江的萌芽发展和实践轨迹上下更大功夫,推动学习贯彻习近平新时代中国特色社会主义思想不断往深里走、往实里走、往心里走,努力把学习成果转化为坚决维护以习近平同志为核心的党中央权威和集中统一领导的自觉行动。

弘扬红船精神,就要坚定不移沿着“八八战略”指引的路子走下去。红船精神是走在前列的精神,其深刻内涵的第一条就是开天辟地、敢为人先的首创精神。进入新世纪以来,浙江发展处在一个关键期,既面临着“先天不足”日益暴露出来的压力,又面临着“先成长先烦恼”的挑战。在这样的背景下,时任中共浙江省委书记的习近平同志,以强烈的政治责任感,大力发扬首创精神,坚持先行先试,努力为中国现代化建设探路,作出了“八八战略”的总体部署,有力地推动了浙江经济社会发展全面转型升级。毫无疑问,“八八战略”是习近平同志在浙江工作时亲自谋篇布局的大手笔、亲自开篇破题的大文章,是引领浙江发展的总纲领、推进浙江各项工作的总方略,是中国特色社会主义理论在浙江的具体化。这些年来,历任省委带领全省人民坚定不移地实施和续写“八八战略”,日益彰显“八八战略”的理论价值和实践力量,推动新时代中国特色社会主义在浙江的实践取得丰硕的成果。

坚定不移沿着“八八战略”指引的路子走下去，必须大力弘扬红船精神所蕴含的开天辟地、敢为人先的首创精神，在坚持中发展，在继承中创新，为践行“八八战略”注入新的活力。坚持以“八八战略”为引领，就要推动浙江经济转型升级，坚决打破拖累转型升级的“坛坛罐罐”，做大做强八大万亿级产业，加快实现“腾笼换鸟、凤凰涅槃”；就要深化改革、扩大开放，扎实推进中国（浙江）自由贸易试验区、浙江海洋经济发展示范区、中国（杭州）跨境电子商务综合试验区等建设，以“最多跑一次”改革为突破口撬动各领域全面改革，不断争创体制机制新优势；就要统筹城乡区域协调发展，加快提升四大都市区能级，大力培育建设特色小镇，深入推进“千村示范、万村整治”，深入实施“山海协作”等工程，持续提升城乡发展一体化水平；就要增强软实力，全面深化法治浙江、平安浙江、文化浙江建设，大力弘扬红船精神、浙江精神，着力优化发展环境；就要全面从严治党，高质量开展“不忘初心、牢记使命”主题教育活动，打好“上下管育爱”干部工作系列组合拳，有力维护山清水秀的政治生态。

弘扬红船精神，就要努力推进“六个浙江”“四个强省”和“两个高水平”建设。空谈误国，实干兴邦。红船精神蕴含着的首创精神、奋斗精神、奉献精神，都贯穿着一个“实”字、彰显着一个“干”字。浙江省第十四次党代会，突出改革强省、创新强省、开放强省、人才强省的工作导向，加快建设富强浙江、法治浙江、文化浙江、平安浙江、美丽浙江、清廉浙江，高水平全面建成小康社会、高水平推进社会主义现代化建设。这些目标任务完全符合习近平新时代中国特色社会主义思想在浙江的实践，完全符合习近平同志和党中央赋予浙江的新使命新要求，完全符合浙江发展的阶段性特征，完全符合以人民为中心的发展思想和浙江人民新期待，为全省改革发展描绘了蓝图、指明了方向。

推进“六个浙江”“四个强省”和“两个高水平”建设，必须大力弘扬红船精神所蕴含的奋斗精神和“实”“干”要求。广大党员干部要咬定目标不放松，持之以恒干、攻坚破难干。当前，许多工作都已经进入“深水区”，场场都是攻坚战，必须勇于动真碰硬，敢于亮剑出招。要有“功成不必在我”的境界，树立抓铁有痕、踏石留印的恒心，带头到工作困难最多的地方去抓落实，到障碍最大的地方去抓突破。要走进基层干、深入一线干。基层是干事的主战场，一线是落实的最前沿。深入基层、沉到一线，谋事才更有底气、灵气，干事才更能干在点子上、干在关键处。要上下一心干、合心合力干。实干不是单打独斗，应该是大合唱，是交响曲。要把实干的导向鲜明地立起来，坚持以实干论英雄、凭实绩用干部，鼓励创造、宽容失败，带动全省党员干部在各自岗位上安心干事、扎实干事、干成实事，努力把浙江省第十四次党代会提出的各项目标任务转化为生动的现实。

图书在版编目（CIP）数据

红船精神问答 /《红船精神问答》编写组编著. —杭州 ：浙江人民出版社，2018.4(2019.3 重印)
ISBN 978-7-213-08717-2

Ⅰ. ①红… Ⅱ. ①红… Ⅲ. ①中国共产党-党的建设-问题解答 Ⅳ. ①D26-44

中国版本图书馆 CIP 数据核字(2018)第 057844 号

红船精神问答

本书编写组　编著

出版发行　浙江人民出版社(杭州市体育场路 347 号　邮编　310006)
市场部电话:(0571)85061682　85176516

责任编辑　洪　晓

责任校对　姚建国

责任印务　陈　峰

封面设计　大漠照排

电脑制版　杭州大漠照排印刷有限公司

印　　刷　杭州富春印务有限公司

开　　本　710 毫米 ×1000 毫米　1/16

印　　张　7.75

字　　数　57 千字

插　　页　2

版　　次　2018 年 4 月第 1 版

印　　次　2019 年 3 月第 4 次印刷

书　　号　ISBN 978-7-213-08717-2

定　　价　20.00 元